주목할 만한 일상

The Remarkable Ordinary
by Frederick Buechner

Copyright © 2017 by Frederick Buechner Literary Assets, LLC
Originally published in English as *The Remarkable Ordinary* by Zondervan,
Nashville, TN, U.S.A.
All rights reserved.

This Korean translation copyright © 2018 by Viator,
Paju-si, Gyeonggi-do, Republic of Korea.
Published by arrangement with The Zondervan Corporation L.L.C., a division of
HaperCollins Christian Publishing, Inc. through rMaeng2, Seoul, Republic of Korea.

이 한국어판의 저작권은 알맹2 에이전시를 통하여 Zondervan과 독점 계약한 비아토르에 있습니다.
신 저작권법에 의해 한국 내에서 보호를 받는 저작물이므로 무단전재와 무단복제를 금합니다.

주목할 만한 일상

멈추고, 바라보고, 귀 기울이라

프레드릭 비크너 지음
오현미 옮김

차례

007 머리말

011 들어가며

013 **1. 멈추고, 바라보고, 귀 기울이라**

014 주목할 만한 일상

034 사랑하기 위해 보고, 보기 위해 사랑한다

053 **2. 우리가 하는 이야기에서 하나님의 말씀 듣기**

054 마야 안젤루의 웃음 방

066 보이지 않는 데 있는 하나님의 은혜,

혹은 이야기가 중요한 이유

087 **3. 진실 말하기**

088 갈 길이 멀다

106 거룩한 순간들

130 전보다는 나은, 그러나 만족스러움과는 거리가 먼 나

144 화평이 임하다

162 주註

▶ 일러두기 본문 이해를 위한 지은이와 옮긴이의 설명은 각주로 처리했다.

본문에 인용한 성경은 대한성서공회에서 펴낸 개역개정을 따랐으며,
새번역을 인용할 때는 따로 표기했다.

머리말

프레드릭 비크너의 신간 발간은 3년 전 하나의 프로젝트로 시작되었다. 1987년 노턴 강좌와 1990년 레이티 롯지 강좌의 미간행 강의 자료 일부를 근간으로 이 책 《주목할 만한 일상THE REMARKABLE ORDINARY》이 태어났다. 프레드릭 비크너의 책을 내는 출판사들이 예의주시하는 게 있다면 미간행 원고가 더 있느냐 하는 것이다. 현재로서는 더 있다는 게 답변이다.

비크너의 책 표지에는 대개 다음과 같은 찬사가 적혀 있다. "프레드릭 비크너의 책은 전 세계 27개 언어로 번역되었다." 〈뉴욕 타임스〉에서는 비크너를 가리켜 '비범한 재능'을 지닌 사람, '최고의 작가로 손꼽히는 인물'이라고 했다. 비크너는 퓰리처상과 내셔널 북 어워드 최종 후보였다.

그런데 책 표지에 실린 찬사에 언급되지 않는 것이 있다. 바로 영감에 관하여, 소망에 관하여, 믿음에 관하여 책 속에서 비크너가 하는 말이다.

프레드릭 비크너는 독실한 불신자와 충성스러운 신자를 염두에 두고 글을 쓴다. 비크너의 책을 읽는 사람들은 알게 된다. 그가 일상의 세계에서 역사하시는 하나님을 믿는 한편, 아파서 신음하는 세상에 하나님께서 왜 당신의 특별한 능력을 쏟아붓지 않으시는지 의문을 품는 이들이 있다는 것 또한 잘 알고 있음을. 비크너는 독자들과 함께 궁금해하며, 의문을 품는 이들을 정죄하지 않는다. 하나님의 신비와 하나님의 권능을 열심히 찾아다닌다. 그리고 평범한 일들과 고통스러운 일에서 그 신비와 권능을 모두 발견해 낸다.

비크너는 우리가 잘 아는, 아니 잘 안다고 생각하는 일들에 관해 화가의 붓을 들고 글을 쓴다. 우리가 교회에서 거듭 듣는 이야기, 그래서 이제는 귀에 못이 박일 지경이고 듣기에도 지친 이야기를 새롭게 들려주고, 그 이야기에서 깊이를 발견할 수 있도록 새로운 관점을 제시한다.

비크너는 은혜와 아름다움, 사랑과 소망, 어둠과 빛, 비극과 복, 절망과 기쁨 등을 주제로 글을 쓴다. 예기치 못한, 매번 창의적인, 시간에 매이지 않는, 때로는 터무니없고, 때로는 창피스러운 방식으로. 그러나 우리가 알기로 언제나 믿을 수 있는 분인 하나님에 관해 말하는 방식으로.

이제 이 책의 주제를 이야기해 보자. 프레드릭 비크너는 살아가다 이따금 걸음을 멈추고, 주변을 바라보고, 삶에 귀 기울이는 법을 독자들에게 보여 준다. 예술과 신앙의 관계에 관해, 즉 삶의 주목할 만한 부분에 관심 두는 법과 평범함 속 위대함을 주시하고 상상력을 동원해 타인에게서 위대함을 발견하고 타인을 사랑하는 법을 예술과 신앙이 어떻게 우리에게 가르치는지 곰곰이 생각하게 한다. 살아가다가 우리가 이따금 걸음을 멈추고, 주변을 바라보고, 우리 삶과 그 삶 속에서 하나님께서 하시는 일에 귀 기울일 때 우리의 인생 이야기가 어떤 플롯에 따라 진행되는지 드러나기 시작한다. 삶의 의미와 화평을 추구할 때 우리는 그 플롯이 우리를 어디로 데려가는지 알게 되고, 그리하여 우리는 마침내 경건 생활과 기도를 통해 어렴풋하게나마 기쁨을 볼 수 있는 눈을 갖게 된다.

비크너의 글, 특히 그가 들려주는 과거 이야기에 익숙한 사람이라면 비크너의 아버지가 자살했다는 사실과 그의 가족들이 그 비극적 사건을 헤쳐 나가려고 어떤 노력을 했는지 잘 알 것이다. 사실 아버지의 죽음은 비크너의 글 대부분에 망령처럼 따라붙는다. 그리고 비크너는 거의 모든 작품에서 그 이야기를 하고 또 한다. 이 책 또한 다르지 않지만, 이 책의 토대가 된 강좌에서 그는 좀 더 개인적인 방식으로 자기 이야기를 들려줌으로써 인생의 비극과 그 비극 속에 계신 하나님의 임재를 볼 수 있는 조금 다른 렌즈를 제공한다.

동료 편집자 케일럽 실링과 함께 책 내용을 숙의하다 보니, 이 책은 삶의 평범한 일상을 다루지만, 책 자체는 절대 평범하지 않다는 생각이 들었다. 이 책은 우리가 잠 깨어 맞는 모든 날 가운데서, 우리가 누군가와 나누는 모든 이야기에서, 매일의 산책길에서, 우리가 접하는 매 순간에서 발견할 수 있는 특별한 것들을 가리키기 때문이다. 우리는 삶이 전형적이고, 평범하고, 진부하고, 판에 박혔고, 지루하다고 말하곤 한다. 그러나 비크너는 매 순간이 가치 있다고 우리를 설득한다. 우리가 내딛는 발걸음 하나하나가 다 예술과 생명, 우리를 절대 실망시키지 않을 의미의 전당으로 이어지는 길의 시작이라고.

편집자 존 슬론

들어가며

전에는 그런 일이 없었는데, 요즘 들어 우리 모두에게 하나님의 엄지손가락 지문이 찍혀 있다는 생각이 자꾸 듭니다. 우리는 내면에 하나님의 형상을 지니고 있습니다. 우리 안에는 성소聖所가 있으나 수없이 많은 면에서 어지럽혀져 있습니다. 그러나 어쨌든 성소는 거기 있고, 나는 나도 모르게 내면의 성소를 향하게 되고, 그 앞에서 잠잠해지는 법을 익히려 애쓰게 됩니다. 언젠가 어떤 사람에게서 《창조적 침묵CREATIVE SILENCE》이라는 책을 받았는데, 생각해 보니 아, 나에게 필요한 게 바로 그것이었습니다.

그래서 나는 글을 씁니다. 생각건대, 그 방향으로, 우리 안에서 끝없이 이어지는 수다, 영원히 계속되는 대화에 귀를 닫아 버리는 방향으로 몇 걸음 더 내디딜 수 있기를 바라면서. 아니, 나는 적어도 글을 쓰는 순간만큼은 오로지 나를 위해서만 말할 수 있습니다. 모든 말을 중단한 채, 현재의 충만함과 말로 표현할 수 없는 순간 속에 어떤 식으로든 존재하면서, 무엇이든 그 성소에서 나에게 주어지는 것을 의식의 표면으로 떠올리기 위해서 말입니다.

〈내 맘의 주여 소망 되소서〉라는 찬송에 내가 특히 좋아하는 가사가 있습니다.

> 싸울 때 나의 방패, 나의 검 되어 주소서
> 나의 위엄 되소서, 나의 기쁨이신 주여
> 주는 내 영혼의 피난처요, 내 망대십니다
> 하늘을 향해 나를 들어 올리소서
> 오, 내 능력 중의 능력이신 주여

이 가사가 어쩌면 우리 내면의 풍경에서 찾아내야 할, 그리하여 내면의 성소 밖에서 삶으로 구현해야 할 일종의 주제를 암시할지도 모릅니다.

프레드릭 비크너

I.

멈추고, 바라보고, 귀 기울이라

주목할 만한 일상

내 경험으로 보건대 칵테일 파티나 이런저런 사교 모임에 가 보면 대개 어느 시점부터 이런 질문을 중심으로 대화가 진행되곤 합니다. "무슨 일을 하십니까?" 그럴 때마다 나는 아, 저는 컴퓨터 전문가입니다, 농사짓습니다, 영양사로 일해요, 소시지 속을 채우는 일을 하지요, 등등으로 간단하게 대답할 수 있는 이들이 부러워집니다. 내 차례가 될 때 나는 그 질문에 쉬이 대답할 수가 없습니다. 그래서 더듬거리곤 하지요. 대개는 저는 목사입니다, 라고 대답을 시작합니다. 내가 생각하기에 기본적으로 나는 목사니까요. 물론 그러면 두 번째 질문이 날아옵니다. "어느 교회에서 목회하세요?" 그러면 나는 "그게요, 목회하는 교회가 없습니다"라고 대답해야 합니다. 이쯤 되면 갑자기 사람들 눈빛이 반짝거리는 게 보입니다. "목회를 안 하시면 무슨 일을 하시는데요?" 그러면 나는 "책을 씁니다"라고 대답하고, 그러면 사람들 눈이 휘둥그레져서 흰자위만 보일 정도가 됩니다. 사람들은 혼란스러워 합니다. 산다는 건 혼란스럽습니다. 목사는 목회하는 교회가 있어야 하고, 작가는 책을 써야 하고, 이 두 가지 일은 별개의 일이고, 누군가가 두 가지 일을 다 한다면 아무래도 집중하기 어렵습니다. 사람들의 그런 반응을 나도 이해합니다.

어떤 면에서 집중은 나에게도 어려운 일이니까요.

　공부를 계속해서 평범한 목회자가 될 것이 아니라 작가가 되어야겠다고 결심한 것은 유니언신학교에 다닐 때였습니다. 힘든 결정이었지요. 내가 기억하기로 영국 시인 제라드 맨리 홉킨스 같은 사람은 예수회에 들어간 뒤 그때까지 쓴 시들을 모두 불태워 없앴습니다. 이제 그리스도께 자기 삶을 바치게 될 것으로 생각했기 때문입니다. 그에게 이 행동은 이제 모든 것을 그리스도께 바친다는 의미였습니다. 이제 나도 그게 무슨 의미인지 압니다. 그리고 내 안의 깊은 곳 어딘가에 나도 그렇게 하고 싶은 마음이 좀 있는 게 느껴집니다. 강하지는 않지만요. 왜냐하면, 책을 쓴다는 것도 일종의 목회라고, 좀 기이하기는 해도 일종의 목회인 것은 사실이라고 스스로 판단했기 때문입니다. 그리고 또 내가 판단하기로, 목사가 목회는 하지 않고 책을 쓴다는 말에 눈이 휘둥그레지는 사람들은 그렇게 생각하지 않겠지만, 예술과 신앙은 서로 상관관계가 아주 깊습니다. 예술과 신앙은 아주 흡사한 목표를 향해 아주 흡사한 방식으로 작용합니다. 이 개념을 탐구하기 위해 먼저 예술이 최선의 경우 실제로 어떤 일을 해내는지 살펴봅시다.

▼ ▼ ▼

무엇보다 먼저, 내가 아는 문학 형식 중 가장 단순하고 가장 간소한 형식인 하이쿠에 대해 생각해 보겠습니다. 일본어 열일곱

음절로 이뤄지는 이 짧은 시는 선ZEN으로 알려진 일본 불교 형식에서 생겨나 1950년대와 1960년대에 일본에서 대중화되었습니다. 하이쿠 형식에서 내가 좋아하는 점은, 보통 문학 작품에서 볼 수 있는 많은 내용을 하이쿠에서는 전혀 볼 수 없다는 것, 그렇지만 하이쿠에서 볼 수 있는 것은 모든 문학 작품에서 다 볼 수 있다는 것입니다. 하이쿠 한 수를 읊어 보겠습니다. 내가 좋아하는 작품은 아닌데, 하이쿠 중에서는 아마 가장 유명한 작품임이 분명하고, 그래서 누구든 이 작품을 아는 사람이라면 어렵지 않게 다 외울 것입니다. 17세기 하이쿠의 대가 마쓰오 바쇼松尾 芭蕉의 작품입니다.

古池や蛙飛びこむ水の音

고요한 연못 AN OLD SILENT POND.
개구리 뛰어들다 INTO THE POND A FROG JUMPS.
퐁당, 또 잠잠 SPLASH. SILENCE AGAIN.

다시 읽어 보지요.

고요한 연못
개구리 뛰어들다
퐁당, 또 잠잠

말했다시피, 이 하이쿠에서 내가 좋아하는 점은 문학이 흔히 하는 수많은 일이 여기서는 하나도 이뤄지지 않는다는 것입니다. 시어詩語는 더할 수 없이 평범합니다. 단순한 낱말들입니다. 한 음절이 넘는 영어 단어는 세 개뿐입니다. 주제도 이보다 더 단조로울 수 없습니다. 그냥 연못가를 거니는데, 개구리가 깜짝 놀라 연못으로 뛰어들고, 그래서 퐁당 소리가 나고, 다시 고요가 찾아온다는 것입니다.

한마디로 하이쿠의 비범함은, 아무 뜻도 없다는 것입니다. 하이쿠 한 편을 읽고 그게 무슨 뜻인지 이해하려고 애쓰는 이들은 방향을 잘못 잡은 것입니다. 개구리는 그 무엇도 상징하지 않습니다. 연못은 그 무엇도 상징하지 않습니다. 퐁당 소리에는 그 어떤 상징적 가치도, 가치 비슷한 것도 없습니다. 다른 문학 작품이라면 당연히 이런 것들에 어떤 상징이나 가치를 담으려 했을 텐데, 하이쿠에서는 그런 시도를 전혀 하지 않습니다. 어떻게든 의미를 읽어내 본다면, 하이쿠가 아주 단순하고도 중요한 일을 한다는 것을, 즉 해당 순간을 하나의 액자에 담으려 한다는 것을 알 수 있습니다. 하이쿠는 그저 하나의 순간에 테를 두릅니다. 물론 무언가에 테를 두르자마자 곧 벗겨내서 우리 눈에 보이게 하고 현실로 만들기는 하지만 말입니다. 하이쿠는 테가 둘린 순간을 보고 경험하게 합니다. 그리고 이 하이쿠의 경우, 내가 말하다시피 연못가를 산책하는 가장 평범한 순간 개구리 한 마리가 연못으로 퐁당 뛰어들고, 고요가 다시 찾아옵니다. 여러분과 내가 그 연못가를 거닌다면, 개구리가 물속으로 뛰어드는 것을 알아차리지 못할 가능성이 큽니다. 머릿속으로 다른 생각을 하기 때문입니다. 지금 가는 곳을 생각하고, 떠나온 곳을 생각하고, 다른 일들이 일어나고, 머리는 가렵고, 구름이 태양을 가리며 지나갑니다. 우리는 아마 개구리가 물로 뛰어드는 것을 알아차리지 못할 것이고, 설령 알아차린다 하더라도 그냥 개구리 한 마리가 연못으로 뛰어드는군, 하고 말 가능성이 큽니다. 내가 생각하기에 우리는 늘 그런 식입니다. 개구리 한 마리가 연못에 뛰어든다고, 그 광경에 이름을 붙일 뿐입니다. 그 광경을 실존에서 배제한 채 말입니다. 어쩌면 우리는 그 광경을 생각할 수도 있습니다. 어쩌면 병적으로 깊이 생각하다가 《햄릿》의 한 구절처럼 '사색의 창백한 색조로 생기를 잃을'지도 모릅니다. 그 광경을 생각은 하지만 현실에서는 배제하는 것입니다.

그런데 하이쿠는 그저 아니, 아니, 아니라고 말합니다. 그렇게 하지 말라고, 생각도 하지 말라고 합니다. 그 광경에 이름을 붙이지 말고, 그냥 경험하라고. 듣고, 보고, 냄새 맡고, 참여하라고 말합니다. 내가 생각하기에 모든 문학이 기본적으로 하는 일이 바로 그 일입니다.

물론 '글'은 다른 많은 일을 합니다. 사람들은 우리를 가르치려고 책을 씁니다. 온갖 형태로 우리 마음을 흔들려고, 우리를 겁주려고, 우리를 깨우치려고 책을 씁니다. 하지만 기본적으로 이런 문학 작품이나 예술 작품이 하는 일은 '생각을 멈추라'라고 말하는 일입니다. 기대를 멈추라고. 과거에 발목 잡혀 살기를 멈추라고. 미래만 꿈꾸며 살기를 멈추라고. 무슨 일을 하고 있든 그 일을 멈추고 여기에 주목하라고. 뗏목에 몸을 싣고 미시시피강을 떠내려오는 소년과 흑인 남자에게, 아비인 자신에게 세 딸 중 둘이 끔찍한 일을 저지른 탓에 미치광이가 되어 황야를 헤매는 늙은 왕에게 주목하라고. 사랑에 실패한 뒤 달리는 기차에 뛰어들기 직전인 안나 카레니나라는 젊은 여인에게 주목하라고. 문학은, 다른 무엇을 말하기에 앞서, '주의를 기울이라'라고 말합니다. 지금 무엇을 하든 그 일을 멈추고 주의해서 보라고. 개구리든, 왕이든, 뗏목에 탄 흑인이든 그것에 사로잡히라고 말입니다.

▼ ▼ ▼

내가 생각하기에 글은 우리에게 멈출 것을 요구할 뿐만 아니라, 어떤 면에서는 우리가 멈출 수 있게 해 주기도 합니다. 나이 들었을 때 꼭 찾을 수 있었으면 하는 것 한 가지는, 우리 모두의 내면에서 끊임없이 이어지는 수다를 멈추는 방법입니다. 물론 어떤 책이 나에게 정말 잘 맞는 책이라면 수다를 중단시켜 줄 것입니다. 적어도 그 책을 읽는 동안만은, 그 책에 사로잡혀 있는 동안만은 '나'라는 한계를 벗어날 수 있습니다. 나의 육체라는 일종의 유니폼을 뭔가 아주 재미있는 방식으로 벗어던지고 다른 누군가의 외피外皮라는 유니폼을 입을 수 있습니다. 나의 외피 아래 작은 세계에서 벗어나, 작가가 나를 위해 창조한 세상에서 살 수 있습니다. 이는 사소한 의미에서의 도피, 그냥 나에게서 도피하는 것일 수 있습니다. 가볍게 볼 수 없는, 상당히 멋진 도피가 아니라, 그저 나에게서 벗어나 뭔가 조금 더 풍성하고, 더 사실적이고, 더 직접적이고, 더 아련한 것으로 들어가는 도피 말이지요. 설령 그것이 개구리가 연못으로 뛰어드는 찰나의 순간에 지나지 않을지라도 말입니다. 또, 이는 하나의 기도, 언젠가 한 소규모 직원회의에서 들었던 기도 같을 수도 있습니다. 회의 끝 무렵 모두가 기도했습니다. 멋졌습니다. 그런데 그때 어떤 사람이 노래로 기도하기 시작했고, 그 기도는 그 순간 하나의 예술 작품이 되었습니다. 나는 그 기도에 사로잡혔습니다. 그 기도의 어렴풋함, 반복 불가능성, 말로 표현할 수 없음이라니.

이렇게 예술은 "멈추라"라고 말합니다. 예술은 무언가에 테를 두름으로써 우리가 그 앞에 걸음을 멈출 수 있게 돕고, 일상적인 환경, 많은 이가 그러하듯 자동 조종 장치를 작동시켜 놓고 사실상 그 무엇도 깊이 보지 못한 채 세상을 통과하는 환경에서는 절대 불가능했을 방식으로 무언가를 보게 합니다.

▼ ▼ ▼

내가 생각하기에 그림의 경우에는 이를 알아보기가 훨씬 쉽습니다. 화가는 정말 말 그대로 무언가를 액자에 넣습니다. 어떤 그림이든 그림 한 점을 골라서 생각해 봅시다. 얼마 전에 아내와 함께 모네 전시회에 다녀왔습니다. 모네는 우리 부부가 좋아하는 인상파 화가인데, 이 멋진 전시회에서는 프랑스 어느 지역 들판에 쌓인 건초 더미 연작連作을 볼 수 있었습니다. 그 그림들을 본 적 있다면 내가 무슨 말을 하는지 알 겁니다. 누가 봐도 건초더미인 단순한 건초더미였지만, 화가는 동틀 녘의 건초더미를, 빗속의 건초더미를, 서리와 눈을 덮어쓴 건초더미를, 땅거미 질 때의 건초더미를 그리되, 이 지극히 평범한 물체가 생명력으로 희미하게 반짝이며 그 자체의 본질로 반짝이게 하는 그런 방식으로 그렸습니다. 이 그림은 그 건초더미에서 멀리 떨어져 어딘가로 가라고 하지 않습니다. 그냥 보라고 합니다. 그림이 일으키는 기적을 보라고 합니다.

내가 보기에는 위대한 초상화가 특히 이런 사례에 해당하는데, 어떤 사람의 얼굴이 한 번 보면 잊을 수 없는 방식으로 테두리가 둘려 있는 게 바로 초상화입니다. 내가 생각하기에 세상에서 가장 위대한 초상화가는 렘브란트입니다. 어린 시절, 뉴욕 메트로폴리탄 미술관 근처에 사시던 조부모님 댁에 갔다가 미술관에 여러 번 갔던 것이 기억납니다. 렘브란트는 아주 멋졌습니다. 초상화 한 점이 특히 좋았는데, 작품 이름을 알려 줄 수 있으면 좋으련만 기억이 나질 않습니다. 그림의 주인공은 검은 드레스에 머리에 꼭 끼는 흰 두건을 쓴 네덜란드인 노파입니다.

빳빳이 풀 먹인 주름 옷깃에 밀랍같이 창백한 피부, 주름진 얼굴, 윗니가 빠져 윗입술이 푹 꺼진 노파는 두 손을 포개고 앉아 액자 바깥을 내다보고 있습니다. 결코, 주목할 만한 얼굴이 아닙니다. 비행기 통로 건너편 좌석에 그 얼굴이 앉아 있다 해도, 식료품점에서 그 얼굴이 먹을거리가 잔뜩 든 카트를 끌며 다가온다 해도 주목하지 않을 얼굴입니다. 주목할 만한 얼굴은 아니지만, 렘브란트의 시선에는 아주 주목할 만하게 보였기에 우리는 눈을 동그랗게 뜨고 그 얼굴을 주목합니다. 그러면 어찌 된 일인지 그 노파의 얼굴이 모든 이의 얼굴이 됩니다. 어찌 된 일인지 모든 이의 얼굴이 그 얼굴에 담겨 있습니다.

그리고 내가 생각하기에, "멈추라"라고 말하는 게 작가의 일이라면, 미술가와 화가가 하는 일은 "바라보라"라고 말하는 것, 렘브란트가 그 늙은 여인의 얼굴을 바라본 것처럼 서로의 얼굴을 바라보라고 말하는 것입니다. 또는 자기 자신의 얼굴을 바라보라고 화가는 말합니다. 렘브란트가 그 나이든 여인의 얼굴을 바라보는 식으로 거울을 바라보는 건 어쩌면 그 어떤 바라보기보다 힘든 일일지 모릅니다. 말하자면, 주름과 푹 꺼진 윗입술과 흰 주름 옷깃만 보지 말고, 얼굴 안쪽에 무엇이 있는지, 지금 저 얼굴을 만든 삶을 바라보라는 것입니다.

그게 뭐 어려운 일이냐고 생각할지 모르겠습니다. 이 세상에서 우리가 통과하는 일들을 바라보고 관찰하기는 어렵지 않습니다. 그런데 우리는 그 쉬운 일을 하지 않습니다. 여러분이 나와 다르지 않다면, 뭔가를 주의해서 바라보는 경우가 별로 많지 않을 것입니다. 그저 거기 존재하는 걸 보기보다는 아마 보일 것으로 예측되는 것만 볼 테지요.

프린스턴 시절, 심리학 수업 때 바로 이 점을 증명하는 실험을 한 적이 있습니다. 어떤 방이 있고, 작은 구멍을 통해 그 방을 들여다보게 되어 있었습니다. 실험자는 그 구멍을 통해 무얼 봐야 하는지, 예를 들어 특정 물체의 위치 등을 찾아보라고 피실험자에게 지시합니다. 구멍을 들여다보고 나서 피실험자는 무엇을 봤느냐는 질문에 답변합니다. "방에서 다른 뭔가를 봤습니까?" 대다수 피실험자는 "아니요. 못 봤습니다"라고 대답했습니다. 사실 그 방은 생김새가 불규칙했습니다. 한쪽 벽은 이만큼 높고 또 한쪽 벽은 저만큼 높으며, 천장은 이런 식이고 바닥은 저런 식이었습니다. 그런데 그런 게 보일 거라는 말을 듣지 못했기에 이들은 그걸 보지 않았던 겁니다.

내가 자주 상상하는 광경이 있습니다. 지금 이 순간 천사가 나타나 황금 날개를 펼친다 해도 우리 중 그걸 알아보는 이는 하나도 없으리라는 것입니다. 천사가 황금 날개를 펼치는 광경을 보리라고 누가 기대나 하겠습니까? 〈몰래카메라〉라는 TV 프로그램을 기억하십니까? 그 프로그램에서 흥미로웠던 부분은, 자동차가 운전자도 없이 도로를 달린다든가, 세탁소에서 키우는 앵무새가 월드 시리즈 야구에 관해 한마디 한다든가 하는, 뭔가 도무지 있을 법하지 않은 일이 자주 일어난다는 점이었습니다. 한번은 어떤 남자가 식당에 앉아 있는데, 식탁 위 화병에 꽂힌 꽃이 꽃대를 기울여 남자가 주문한 콜라를 홀짝이던 광경이 기억납니다. 그런데 그런 광경 앞에서 거듭 확인할 수 있는 사실은, 이런 있을 수 없는 상황이 벌어지고 있는데도 사람들은 그걸 보지 못하거나 봤더라도 못 본 척한다는 것이었습니다. 이런 일이 아니어도 산다는 건 이미 충분히 혼란스러우니까 말입니다.

그래서 우리가 그 눈먼 상태에서 벗어나도록 도우려고 화가는 말합니다. "보일 것으로 예측되는 것 말고 그냥 거기 있는 것을 보라"고. "그대 삶에 실제 존재하는 것을 보라고. 그대 자신을 보고, 서로를 보라"고.

▾ ▾ ▾

이제 음악 이야기를 할 차례입니다. 어떤 종류든 상관없습니다. 사실 나는 음악이 뭔지 잘 모르고 소리도 잘 모릅니다. 다만, 내가 보기에 그림의 매개는 공간인데, 음악의 매개는 기본적으로 시간인 듯합니다. 그림에서는 한 대상을 또 다른 대상 옆에 그리고, 벽에 푸른색 배경을 걸고 그 옆에 붉은 심장을 그린다든가 하지요. 그런데 음악가는 공간을 다루지 않습니다. 음악가는 시간을 다룹니다. 한 음 뒤에 또 한 음이 이어집니다. 순간 뒤에 또 순간이 이어지듯, 시곗바늘이 똑 하면 그다음에는 딱 하는 것처럼. 그리고 음악가가 하려는 일은 "시간에 귀 기울이라",

"시간에 주목하라", "시간의 소리와 침묵에 주목하라"라고 말하는 일인 듯합니다. "시간의 풍요로움을 경험하라"라고 말입니다.

그리스 사람들은 놀라운 재능으로 시간 개념을 구별했습니다. 신학교에 다닌 사람이라면 누구나 잘 아는 크로노스CHRONOS 시간, 즉 연대기적 시간, 시계로 헤아리는 시간, 달력으로 헤아리는 시간, 밥 먹을 시간, 집에 갈 시간이라고 할 때의 시간과 또 한편으로 카이로스KAIROS 시간, 즉 양量으로 헤아리는 시간이 아니라 질적인 시간, 좋은 시간이었다, 슬픈 시간이었다, 뭔가를 해야 할 시간이 다가왔다고 할 때의 시간, 혼란스러운 시간이었다고 할 때의 그 시간으로 시간을 구별했습니다. 내가 생각하기에 음악가나 음악이 하는 가장 훌륭한 일은 시간의 질에, 카이로스 시간에 주목하라고 말해 주는 일입니다. 언어적 인간인 나는 특정 작곡가가 시간에 관해 우리에게 무얼 들려주려고 하는지 말로 표현해 보려고 하면서 가끔 혼자 재미있어 하기도 합니다.

최근에는 바흐를 많이 들었습니다. 지난봄에는 펜실베이니아 베들레헴에서 있었던 바흐 페스티벌에 가서 크리스마스 오라토리오를 비롯한 대작들을 감상했습니다. 내가 보기에 바흐는 "시간의 장엄함에 귀 기울이라, 시간의 위엄에 귀 기울이라"라고 말하는 것 같습니다. 모차르트는 어떨까요. 언젠가 칼 바르트는 하나님의 천사들이 은혜의 보좌 앞에 나타날 때는 모두 바흐를 노래하지만, 자기들끼리 수다 떨 때는 모두 모차르트를 노래한다나, 뭐 그런 말을 했습니다. 모차르트가 무슨 말을 하든, 모차르트 작품을 들을 때면 거의 언제나 내 귀에 들리는 악구樂句가 있습니다. 작은 소리로 애처롭게 '라-다다다' 하는 소리입니다. 아마도 시간의 날카로움일까요? 잘 모르겠습니다. 드뷔시에게서는 시간의 기이한 광채가 들린다고 해야 하나요? 원한다면 뭐라고 이름 붙여도 좋습니다.

어쨌든 이 작곡가들 한 사람 한 사람이 다 이렇게 말하고 있습니다. "시간의 질質에, 시간의 카이로스성에 주목하라." 그리고 어떤 면에서 나는 '시간을 지킨다'는 말에 관해 생각합니다. 시간을 지킨다고 하면 보통 음악의 박자를 지킨다는 의미로 생각할 수 있지만, 음악은 어떤 면에서 다른 식으로 시간을 지키는 것에 관해 말합니다. 즉, 시간을 유지하라고, 시간에 뒤지지 말라고, 어떤 식으로든 시간과 손을 잡고 있으라고. 그대 시간의 슬픔과 그대 시간의 기쁨과 그대 시간의 놀라움과 그대 시간의 공포와 그대 시간의 공허와 그대 시간의 충만함을 긴밀히 유지하라고 말이지요.

또한, 음악은 말합니다. 소리에 귀 기울이라고, 자기 삶의 음악에 귀 기울이라고요. 함께 사는 사람들의 목소리에 귀 기울이라고, 그 사람들의 노랫소리에 귀 기울이라고요. 내 말은, 그 사람들이 "트랄랄라" 하고 노래 부르는 소리를 들으라는 게 아니라, 그 사람들의 목소리가 이뤄 내는 음악에 귀 기울이라는 뜻입니다. 방충망 문이 탁 닫히는 소리에 귀 기울이라고요. 종종걸음으로 다시 길을 걸어 올라가는 발소리에 귀 기울이라고요. 욕조 수도꼭지 돌리는 소리에 귀 기울이라고요. 그 소리는 우리 삶이 빚어내는 매우 심오하고 감동적인 음악이니 말입니다. 이는 시간에서 빚어져 나와 우리에게 들려오는 노래입니다. 늘 시간과 나란히 가세요. 바삐 구르고 달리기만 하지 말고.

내가 아는 강汇들이 생각납니다. 강의 수면은 거의 언제나 무색이고, 바윗돌 위를 구르듯 흐르고, 그러다가 어쩌면 휘돌아 가는, 혹은 깊은 곳에 이르고, 그러다 갑자기 잔잔해지며 바닥까지 들여다보입니다. 그리고 음악은 말합니다. 어떻게든 강처럼 하는 법을 배우라고. 구르고 달리기에서 멀어지며 시간, 연대기적 시간, 늘 흐르는 시냇물 같은 시간에서 멀어지는 법을 배우라고. 그리하여 시간의 중심에 뭐가 있든, 시간의 질이 어떻든 그 시간의 깊은 곳을, 시간의 신비를 들여다보라고.

이제 발레를 생각해 보지요. 발레 이야기는 하지 않을 생각이었습니다. 음악이나 미술 같은 다른 예술도 잘 모르지만, 발레에 관해서는 더더욱 잘 모르기 때문입니다. 언젠가 아내와 함께 뉴욕 근처 새러토가시에 있는 자그마한 공연 예술 센터에서 시립발레단의 멋진 공연 두어 편을 봤습니다. 그중 하나는 바흐의 〈골드베르크 변주곡〉에 맞춘 춤이었는데, 그때 나는 발레가 시간과 공간 속에서 이뤄지는 예술이라는 것을 깨달았습니다. 발레는 음악이기도 하고 무대 위 공간에서 이뤄지는 예술이기도 합니다. 그리고 이 시간에, 바로 이 순간에 귀 기울이라고 말하며, 바라보라고, 지금 네가 보고 있는 것을 바라보라고, 저 무용수의 몸이 하는 말을 바라보라고, 저 얼굴이 하는 말, 저 두 손이 하는 말, 저 젊고 유연하고 아름다운 몸들이 저기 무대 위에서 음악에 맞춰 이뤄내는 이 놀라운 일들을 바라보라고 말합니다. 사실 이런 종류의 일은 누구나 다 하는 일입니다. 그 무용수들보다 조금 덜 젊고, 조금 덜 유연하고, 조금 덜 아름답긴 해도 어쨌든 우리 두 손으로, 우리 몸으로 말입니다. 그 점에 주목하십시오. 대체로(맹세코 이는 복잡한 문제가 아닙니다) 예술은 우리가 삶을 경험할 수 있도록 이런 식으로 우리네 삶을 우리에게 나타내 보여 줍니다. 이 사실에 주목하십시오.

▾ ▾ ▾

버몬트에 있는 우리 집에서 가장 가까운 도회지는 러틀랜드인데, 아주 크지는 않지만 그래도 크다고 할 만합니다. 내가 사는 곳에서 러틀랜드로 가려면 월링퍼드라는 아주 작은 마을을 지나야 합니다. 그곳을 무수히 많이 지나다녔는데, 혼자 운전하며 가다 보면 나도 모르게 "그런데, 월링퍼드를 지나온 건가, 아직 안 지난 건가?"라고 갸우뚱거릴 때가 많습니다. 기억이 나질 않기 때문이지요. 어느 지점에 이르러서야 비로소 월링퍼드를 지나온 것을 깨닫고, 그러면 나는 "오, 여긴 러틀랜드네. 월링퍼드를 지나왔구나!"라고 혼잣말을 합니다. 재미라고는 하나도 없는 이런 이야기를 하는 것은, 만약 누군가가 월링퍼드를 지날 때의 내 모습을 사진으로 찍는다면 아마 멍하니 운전만 하는 사람이 찍혀 있을 거라는 말을 하고 싶어서입니다. 그 순간의 나는 겉껍질뿐입니다. 내면의 대화에 깊이 사로잡혀 있어서 바깥 풍경이 전혀 눈에 들어오지 않는 거지요.

그러니 멈춰 서서 보십시오. 우리 자신이 인간이라는 사실, 우리 서로가 인간이라는 사실에 좀 더 예민해지고, 그 사실을 좀 더 의식하고, 그 사실에 좀 더 민감해지십시오. 렘브란트의 눈으로 보고, 바흐의 귀로 듣고, 외피 아래 무엇이 있든 그것을 꿰뚫어 보는 엑스레이의 눈으로 보십시오.

엑스레이의 눈으로 사물을 볼 수 있도록, 엑스레이의 관점에서 생각할 수 있도록 맨 처음 나를 이끌어 준 작가는 샐린저 J. D. SALINGER였습니다. 이 신비로운 노인은 2010년 세상을 떠나기 전 수십 년 동안 단 한 편의 작품도 발표하지 않았습니다. 하지만 그는 경이로운 작품 몇 편을 썼습니다. 《호밀밭의 파수꾼》에서 내가 가장 탁월하다고 생각하는 부분은 주인공 홀든 콜필드, 삶의 방향을 잃고 혼란스러워 하는 그 가여운 명문 사립고 학생이 맨해튼 지역을 발길 닿는 대로 돌아다니는 광경입니다. 그 과정에서 홀든은 여러 인물을 만나는데, 그중에는 물론 기분 나쁜 사람들도 있습니다. 호텔의 뚜쟁이는 홀든에게 여자를 안겨 주려 합니다. 하지만 홀든이 여자를 원하지 않자 홀든에게 폭력을 휘두릅니다. 홀든이 나이트클럽에 가니 그곳에는 피아노를 기막히게 잘 치는 흑인 피아니스트가 있습니다. 하지만 그는 흑인 피아니스트를 일종의 직업으로 여기는 사람으로서, 흑인의 정체성을 잃어버린 상태로, 피아노를 연주하는 게 아니라 일종의 게임을 하고 있습니다. 그는 위선자입니다. 그밖에도 홀든 콜필드의 인생에서 부정적 역할을 하는 인물이 여럿 있지만, 홀든은 이렇게 말합니다. "나는 그 늙은 누구누구가 그립다. 그 뚱쟁이가 보고 싶다. 사기꾼 흑인 피아니스트가 그립다." 마치 그 사기 행각 이면을, 그 뒤틀림 이면을 꿰뚫어 보기라도 하는 것처럼. 그 사람에게 어떤 불쾌한 점과 부정적인 점이 있든 그 이면에서 뭔가 감동적이고 인간적인 면을 보기라도 하는 것처럼. 그 늙은 누구누구까지 있어야 파티가 완벽해지기라도 하는 것처럼.

샐린저의 또 다른 작품 《프래니와 주이 *FRANNY AND ZOOEY*》에는 눈에 들어오는 것 이상을 볼 수 있는 능력이 탁월하게 표현되어 있습니다. 이 책은 사실 글래스 집안 자녀들을 다루는 내용으로 출판된 두 개의 이야기 《프래니》와 《주이》를 합본한 책입니다. 글래스 집안 자녀들은 〈지혜로운 어린이〉라는 라디오 퀴즈 프로그램에 출연합니다. 이를 통해 주이는 형 시모어에게 엑스레이 시선으로 사물을 보는 법을 배웁니다.

워커 형하고 함께 막 집을 나서려는데 시모어 형이 나더러 구두를 닦아 신으라고 했어. 화가 치밀었지. 청중은 다 얼간이들이고, 진행자도 얼간이고, 광고주도 얼간이이므로 그 사람들 보라고 구두를 닦아 신지는 않겠다고 했어. 그 사람들에게는 '어차피' 우리 앉은 자리가 보이지도 않을 거라고. 시모어 형은 그래도 어쨌든 구두를 닦으라고 하더군. 뚱뚱한 아줌마를 위해 구두를 닦아 신어야 한다고. 도대체 무슨 말을 하는 건지 알아들을 수 없었지만, 형이 예의 그 시모어스러운 표정을 하고 있어서 하는 수 없이 구두를 닦았지. 뚱뚱한 아줌마가 누구인지 형은 한 번도 말해 주지 않았지만, 방송국에 갈 때마다 나는 그 뚱뚱한 아줌마를 위해 구두를 닦아 신었어. 기억할지 모르겠는데, 그 프로그램에 출연하는 동안 줄곧 그랬어. 구두를 닦지 못한 건 아마 두어 번쯤 될까. 뚱뚱한 아줌마에 대한 이 지독하게 선명하고 분명한 그림이 내 머릿속에 새겨졌지. 그 아줌마는 온종일 현관에 앉아 아침부터 밤까지 라디오 볼륨을 최대한 높여 놓고는 파리를 철썩철썩 때려잡았어. 상상해 보면, 아마 끔찍할 정도로 더웠고, 그 여자는 아마 암에 걸렸을 테고, 또 … 잘 모르겠다.

내가 소름 끼치는 비밀 하나 알려 줄게. 내 말 듣고 있어? 거기에는 시모어가 말한 뚱뚱한 아줌마 아닌 사람이 하나도 없다는 거야. 어딜 가도 시모어의 뚱뚱한 아줌마 아닌 사람이 없다고. 모르겠니? 자, 내 말 잘 들어. 그 뚱뚱한 아줌마가 정말 누구인지 모르겠어? 아, 친구. 아, 친구야. 그건 바로 그리스도야. 그리스도라고, 친구.'

C. S. 루이스의 《말콤에게 보내는 편지》 한 구절을 봅시다. 그 멋진 구절에서 루이스는 히틀러를 본 적 있는 유럽인 목사 이야기를 합니다. 루이스가 "히틀러는 어떻게 생겼던가요?"라고 묻자 그 목사는 말합니다. "물론 그리스도처럼 생겼지요." 그리스도처럼이라니. 정말 감동적입니다.

우리의 비밀스러운 얼굴이 그 얼굴입니다. 바울의 말이 맞습니다. 우리가 마침내 그리스도의 장성한 분량이 충만한 데까지 이를 수 있도록 온 피조물이 다 움직이고 있으며 크고도 복잡한 쇼 한 편이 시작되었습니다. 그러나 그것을 보려면 걸음을 멈추고 실제로 보아야 한다고, 엑스레이 시선으로 찾아보아야 한다고 화가는 말합니다.

자, 이렇게 해서 간단하게나마 예술을 훑어보았습니다. 여기서 물어야 할 것은, 이 모든 것이 신앙과 무슨 관계가 있느냐는 것입니다. 멈추고, 보고, 귀 기울이라. 그것도 아주 많이. 내가 생각하기에 어떤 의미에서 성경적 신앙은 다른 뭔가를 말하기에 앞서 바로 그렇게 말하고 있는 것 같습니다. 멈추고, 바라보고, 귀 기울이라고.

사랑하기 위해 보고, 보기 위해 사랑한다

불교나 힌두교 같은 종교는 세상을 볼 때 환상을 봅니다. 덧없음을 봅니다. 거의 우연에 의해 존재하게 된 어떤 것을 봅니다. 무언가 순환하는 것을 봅니다. 돌고 돌고 또 도는 우주라는 커다란 바퀴를 봅니다. 사람은 오로지 죽기 위해, 다시 태어나기 위해, 그리고 또다시 죽기 위해 태어납니다. 이 동양 종교의 요점은, 세상은 벗어나야 하는 곳이라는 것입니다. 그게 바로 열반Nirvana입니다. 생의 굴레에 대한 끔찍한 집착을 적멸寂滅하기, 궁극적으로 버리기, 그리하여 열반이 무엇이든 간에 그 말로 다할 수 없는 희열, 생과는 전혀 다른 무언가로 들어가기. 이들이 말하는 삼라만상은 우연, 궁극적 현실이 꾸었던 꿈이 빚어낸 것입니다. 여기에는 영원성이 없습니다. 목적도 없습니다. 지속적 가치를 지닌 게 없습니다.

이는 기독교 신앙에는 해당하지 않는 말입니다. 성경적 신앙은 천지 만물이 엄청나게 중요하다고 말합니다. 하나님께서 만드셨으니까요. 하나님이 천지 만물을 지으셨고, 이를 유지하시며, 그 가운데서 말씀하시고, 그 가운데서 일하십니다. 하나님은 그리스도를 이 세상에 보내셨고, 그리스도는 이 세상에서 행하셨습니다. 이 세상 때문에 아프셨고, 이 세상에서 밥을 드셨고, 이 세상에서 일자리를 구하셨고, 이 세상에서 설교하셨고, 이 세상에서 사랑하셨고, 이 세상에서 죽으셨습니다. 세상은 엄청나게 중요한 곳입니다. 이 세상에 주목하십시오. 이는 중요한 일입니다. 이 세상에서 영혼들은 길을 잃기도 하고 구원을 받기도 합니다. 그러므로 내 목숨이 이 세상에 달린 듯 이 세상에서 살며, 이 세상을 바라보고, 이 세상에 주목하십시오. 물론 내 생명은 이 세상에 달렸으니까요. 내가 보기에 성경은 다른 무언가를 말하기에 앞서 이렇게 말합니다. 살아 있다는 것, 살아 있다는 사실에 주목하는 것, 서로에게 주목하는 것, 일하시고 말씀하시는 하나님께 주목하는 것이 얼마나 중요한지 모른다고요. 생명 혹은 하나님께서 나를 어디로 데려가려 하시는지에 주목하십시오.

선지자들 또한 주목하라고, 특히 역사에 주목하라고 우리에게 말했습니다. 특히, 신문 머리기사 이면에서 진행되는 일들에 주목하라고 말입니다. 예를 들어, 아모스는 부자가 가난한 자를 어떻게 착취하는지에 주목하라고, 냉난방이 완비된 침실에서 잠을 자고 배가 터지도록 잘 먹고 잘사는 사람이 있는가 하면, 뉴욕과 샌안토니오 거리에서 굶어 죽는 사람들, 마대와 종이상자를 덮고 노숙하는 사람도 있다는 사실에 주목하라고 벽력처럼 소리칩니다. 아모스는 말합니다. 그 사실에 주목하라고. 하나님께서 그 사실을 통해 무서운 말씀을, 곧 심판과 진노의 말씀을, 그리고 어떤 면에서 소망의 말씀을 하고 계시기 때문입니다. 또 선지자 이사야는 말합니다. 이 나라의 대외정책을 지켜보라고, 신문 머리기사를 읽어 보라고, 북쪽 강대국들이 걸핏하면 이방 신들을 좇아간 이스라엘을 징벌하러 오고 있다는 사실을 알라고 말입니다.

물론 이런 예언적 목소리는 지금도 계속되고, 때로는 역사 자체가 예언적 성격을 띱니다. 베이징 천안문 광장에서 학생들이 시위하는 광경을 지켜보던 기억이 납니다. 당시 학생들도 침착하고, 군인들도 조심스러워 했습니다. 누구도 총을 쏘지 않고, 누구도 소리 지르지 않고, 뭔가 소중한 일이 시작되고 뭔가 소중한 일이 일어나려던 순간이 있었습니다. 내 생각에 눈물 없이는 지켜볼 수 없는 광경이었습니다. 물론 얼마 후 총격이 시작되고, 탱크가 진입하고, 사람들이 쓰러지고, 어떤 이들은 체포되었습니다. 여기서 역사가 말합니다. 지금 일어나는 일에 주목하라고. 이것이 바로 임박한 나라에 관해 텔레비전 화면을 통해 우리에게 전해지는 예언의 말씀이니까요.

신문 머리기사를 장식하는 위대한 행위에만 주목하지 말고, 자신이 지금 하려는 위대한 행위에 주목하십시오. 어쩌면 그 일들은 역사의 관점에서는 그다지 중요하지 않을지 몰라도, 자신의 삶에서는 위대한 행위입니다. 내 삶에서 볼 수 있는 신현神顯의 순간들. 나는 수많은 시편이 바로 그 순간을 노래하고 있다고 생각합니다.

여호와는 나의 목자시니 내게 부족함이 없으리로다.
그가 나를 푸른 풀밭에 누이시며
쉴 만한 물가로 인도하시는도다.
내 영혼을 소생시키시고 …
내가 사망의 음침한 골짜기로 다닐지라도. 시 23:1-4

시편 기자는 여호와께서 자신을 푸른 풀밭으로 인도하시는 것 같은 순간을 말합니다. 시편 기자가 정말로 죽음의 그림자가 드리운 골짜기를 지날 때도 그에게는 하나님의 임재 의식이 있었고, 그 의식이 그를 두려움에서 지켜 주었습니다. 시편은 우리의 삶 가운데 있는 그런 순간을 가리킵니다. 그 순간들을 소홀히 여기지 마십시오. 하나님께서 내게 말씀하시는 순간들, 오늘 아침에 노래하는 새를 통해 내게 그러셨듯 유쾌한 방식으로 말씀하시는 순간, 언제 어디서 어떤 방식으로든 우리 모두에게 말씀하시는 그 순간을 놓치지 마십시오.

▼ ▼ ▼

물론 바로 그 순간 신약성경은 우리에게 말합니다. 다시 멈춰서, 바라보고, 귀 기울이라고. 나는 예수에 관해 생각하고, 시인 에밀리 디킨슨에 관해 생각합니다. 디킨슨은 한 편지에서 다음과 같이 놀라운 이야기를 했습니다. "알다시피, 내가 한 번도 범하지 않은 계명은 하나뿐입니다." 놀랍습니다. 에밀리 디킨슨

이 어떤 계명이든 계명을 범한다는 게 잘 상상이 안 되기에. 비록 우리와 마찬가지로 그녀도 여러 계명을 범했을 것으로 확신하지만. "그 계명은 바로 '들의 백합화를 생각해 보라'는 계명입니다." 놀랍습니다. 물론 디킨슨은 예수께서 산상에서 무리에게 하시는 말씀을 가리키고 있습니다. "들의 백합화가 어떻게 자라는가 생각하여 보라. 수고도 아니 하고 길쌈도 아니 하느니라. 그러나 내가 너희에게 말하노니 솔로몬의 모든 영광으로도 입은 것이 이 꽃 하나만 같지 못하였느니라." 마6:28-29

이런 것을 계명으로 생각한다는 게 어떤 면에서는 재미있지만, 또 어떤 면에서 이것은 예수께서 여러 다른 방식으로 우리에게 거듭 주시는 그런 종류의 계명인 것 같습니다. 이생은 어떤 면에서 하나의 비유라고 말입니다. 들판의 백합화를 생각해 보아라. 잃어버렸던 것을 되찾으면, 그 동전, 어머니가 준 그 반지, 무엇으로도 대신할 수 없는 그 사진이 갑자기 거기 떡 하니 보이면 어떤 기분이겠는지 생각해 보라. 네 마음을 생각해 보라. 그것을 생각해 보라. 잃어버린 양을 생각해 보라. 죽은 참새를 생각해 보라. 누룩이 떡 속에서 어떻게 발효 작용을 하는지 생각해 보라. 씨가 어떻게 자라는지, 그 작디작은 씨앗 하나가 어떻게 자라고 또 자라 텍사스만큼 큰 나무가 되는지 생각해 보라. 이런 일들에 주목하라고 말입니다.

물론 예수께서는 가장 큰 계명은 하나님을 사랑하고 이웃을 사랑하는 것이라고 말씀하십니다. 사실 나는 하나님을 사랑한다는 게 어떤 의미인지 잘 모릅니다. 나는 그 일에 전혀 능하지 않습니다. 하지만 이 계명의 한 가지 의미는, 다른 누구를 사랑하는 경우와 마찬가지로, 걸음을 멈추고 지켜보고 기다리는 것이라고 생각합니다. 하나님에게 귀를 기울이라, 걸음을 멈추고 지켜보고 그분을 기다리라고 말이지요. 하나님을 사랑한다는 것은 주목한다는 것, 마음을 쓴다는 것, 눈을 뜨지 않으면 절대 볼 수 없는 방식으로 하나님께서 나와 함께하실 가능성에 마음을 열어 두는 것을 뜻합니다. 하나님께서는 귀를 열지 않으면 절대 들을 수 없는 말씀을 하십니다. 그러므로 하나님께 최대한 가까이 다가가십시오.

우리 아이들이 아직 어렸을 때 버몬트에서의 어느 성탄절 전야, 우리 부부는 어린 자녀가 있는 집이라면 누구나 다 하는 일을 했습니다. 아이들 양말에 속을 채워 걸어 두었고, 산타클로스를 위해 벽난로 선반에 사과즙 한 잔과 쿠키 하나를 갖다 놓았지요. 눈밭을 헤치고 우리 집에 도착할 즈음이면 몹시 고단할 테니까요. 우리는 아이들을 재우고 2층으로 올라가 손님 방 벽장에 감춰 두었던 선물을 아래층으로 끌고 내려와 성탄절 트리 아래 갖다 놓았습니다. 그리고 나니 전에 어떤 사람이 찰스 디킨스의 성탄절 전야 축배 비법을 가르쳐 준 것이 생각나서 이렇게 말했습니다. "글쎄, 한 번도 마셔본 적은 없지만 어디 한번 해보자." 끔찍하게도 맥주와 셰리주를 섞어서 건배하는 거였습니다. 하지만 나는 그 술을 만들었고, 우리는 함께 마셨습니다.

지독했습니다. 그러고 나서 비틀거리며 침대에 엎어지기 직전, 우리 집에서 멀지 않은 언덕 아래 사는 이웃 사람이 몇 주간 플로리다에 다니러 가면서 자기가 집을 비우는 동안 자기네 양들에게 먹이를 좀 주라고 부탁한 것이 생각났습니다. 늦은 시간이었지만 안 가 볼 수가 없었습니다. 장화를 신고 코트를 걸친 뒤 동생과 함께 눈길을 헤치고 언덕을 내려가 이웃집으로 갔습니다. 헛간에서 건초를 두어 꾸러미씩 집어 들고는 뒷마당의 양 우리로 갔습니다. 전구 줄을 당겨 40와트 전구에 불을 켜자 양들이 그 특유의 비척거리는 걸음으로 몰려들더군요. 우리는 건초를 가닥가닥 나눈 뒤 먼지를 털어내서 사료 선반에 넣어 주었습니다. 건초 향기가 퍼지고, 양들은 비척거리고, 전구는 흐릿하게 빛나고, 밖에는 눈이 내리고 있었습니다. 그리고 그날은 성탄절 전야였습니다. 그제야 나는 내가 지금 있는 곳이 어디인지 깨달았습니다. 목사로 살면서 사물에 주목하는 훈련을 받고도 나는 그때야 비로소 구유를 알아보았습니다. 전혀 알아차리지 못할 수도 있었지만 말입니다. 내가 보기에 세상은 하나의 구유입니다. 온통 피범벅으로 더러운 구유. 하나님이 다시, 다시, 또다시 태어나고 계신 구유. 우리는 다른 수많은 일에 정신이 팔린 상태입니다. 이런저런 일로 너무 분주해서 구유를 보지 못합니다. 알아차리지 못합니다.

▼ ▼ ▼

이 점을 설명해 주는 또 하나의 일화가 있습니다. 어느 날 아내 주디, 막내딸 샤먼과 함께 샌안토니오의 씨월드에 갔습니다. 손꼽히는 대규모 물 축제장인지라 요란하고 시끌벅적한 그곳을 티셔츠 차림으로 쾅쾅 울리는 음악 사이로 얼린 바나나를 초콜릿에 찍어 먹으며 돌아다니는 거지요. 하지만 그 정도로 놀라지는 마십시오. 누구나 다 봐야 할 중요한 구경거리가 아직 남아 있으니까요. 네, 이미 짐작했겠지만, 여기서 제일 인기 있는 것은 수정처럼 맑은 청록색 물이 가득 찬 거대한 수조 앞 관중석에 앉아, 맞은편 대형 무대에서 수영복 차림의 젊고 아름다운 여자들과 잘생긴 남자들이 뭔가 신호를 하면 놀랍도록 아름다운 생물이 어디에선가 불쑥 모습을 드러내는 광경을 지켜보는 것입니다. 어떤 말로도 그 아름다움을 설명할 수 없습니다. 사람들은 그 생물을 범고래 KILLER WHALE라고 부릅니다(왜 킬러일까요? 범고래는 사람을 뭐라고 부를지 궁금합니다). 엄청나게 큰 이 생물, 인간의 사촌이며 푸른빛 감도는 회백색의 말로 다 할 수 없이 아름다운 이 포유류는 수정같이 맑은 물속을 엄청난 속도로 헤엄쳐 와서 무대 위 청년들이 들고 있는 고리 속으로 휙휙 점프합니다. 하늘은 푸르고 모든 게 꿈만 같습니다. 그 광경을 지켜보노라니 나도 모르게 눈물이 두 뺨을 타고 흘러내렸습니다. 아! 나는 그 눈물이 당혹스러웠습니다. 일주일 내내 수십 가지 이유로 신경과민인 사람인 내가 여기 이 경이로운 광경 앞에서는 눈물을 흘리고 있습니다. 고개를 돌려 아내와 딸을 봤더니 두 사람 눈에도 눈물이 고여 있었습니다. 우리가 운 것은 인간과 동물과 태양과 물과 소망이 어찌 된 일인지 이 놀라운 춤을 함께 추는 광경에서 하나님의 화평을 얼핏 보았기 때문입니다. 우리는 에덴을, 세상이 원래 어떠해야 하는지를 얼핏 본 것입니다.

예수께서 말씀하신 대로, 하나님을 사랑한다는 것은 이렇게 들의 백합화를 생각한다는 뜻입니다. 씨월드를 생각하십시오. 성탄절 전야에 이웃집 양들에게 먹이 주기, 서로 사랑하기를 생각하십시오. 예수께서는 "네 마음을 다하며 목숨을 다하며 힘을 다하며 뜻을 다하여 주 너의 하나님을 사랑하고 또한 네 이웃을 네 자신 같이 사랑하라"눅 10:27라고 말씀하십니다. 하나님 사랑과 이웃 사랑은 똑같은 일입니다.

▾ ▾ ▾

이웃을 사랑한다는 것은 이웃을 보는 것입니다. 누군가를 보려면, 진실로 누군가를 보려면, 그 누군가를 사랑해야 합니다. 렘브란트가 그 노파를 본 것처럼 보아야 합니다. 어떤 얼굴이 내 앞에 다가올 때, 길에서 마른 잎사귀 하나가 여느 잎사귀와 다름없이 바람에 날려 와 내 앞에 떨어지는 것을 보듯 보지 말고, 지금까지 한 번도 본 적 없고 앞으로도 절대 다시 볼 수 없는 무언가를 보듯 보십시오. 누군가를 사랑하려면 그 사람의 얼굴을 보아야 합니다. 우리는 이따금 그렇게 합니다. 대개 무언가가 우리를 놀라게 하는 바람에 그것을 들여다보게 되지요.

우리가 아주 쉽게 놓치는 얼굴은 가장 가까운 사람들의 얼굴로, 가장 사랑하는 사람들의 얼굴은 하도 자주 보기 때문에 보기는 보더라도 진정한 의미에서 보는 게 아닙니다. 여기 내 아내 주디가 있습니다. 딸 샤먼도 있습니다. 조지가 있습니다. 메리가 있습니다. 우리는 마치 안개에 이름을 붙이듯 이들에게 이름을 붙이고, 이들은 그냥 하나의 단어가 되고 맙니다. 우리는 이들을 실존에서 배제한 채 이들의 이름을 부르고, 그게 다입니다. 그렇지 않은지 생각해 보십시오.

어느 해 겨울, 맨체스터에 있는 한 교회에서 겨우내 설교했습니다. 침례교회였는데, 담임 목사가 교회를 사임하고 나간 뒤 후임 목회자를 아직 찾지 못한 상태였지요. 나는 설교만 하기로 되어 있었고, 교인들을 돌보는 일이나 그 밖의 교회 일은 다른 이들이 했습니다. 어느 주일, 내 오랜 친구 조지 버트릭 목사가 설교를 마치면 늘 그러는 것처럼, 예배당 밖에 서서 교인들과 악수를 하고 예의 바른 인사말을 나누면서 피차 어색한 순간을 넘기고 있었습니다. 그런데 그때까지 한 번도 본 적 없는 할머니 한 분이 예배당에서 나왔습니다. 안색이 안 좋고 어깨가 축 처진데다가 표정도 음울한 할머니를 향해 나는 "안녕하세요?"라고 인사했습니다. 바보 같은 인사말이었지요. 할머니는 "안녕하다고 생각하신다면 안녕한 거겠지요"라고 대답하더군요. 그 말을 나는 평생 잊지 못할 겁니다. 예상치 못했던 반응이었고, 그래서인가 왠지 모르게 두려워졌습니다. 그 할머니의 믿음이 두렵지 않을 수가 없었습니다. 내가 맡은 일이 비록 설교뿐이기는 해도, 안녕하시냐는 인사말에 "안녕하다고 생각하신다면 안녕한 거겠지요"라고 대답하는 사람을 만나 이야기를 들어보지 않을 수 없다는 생각이 들었습니다.

그래서 할머니 집으로 심방을 갔습니다. 할머니가 울까 봐, 이야기가 너무 길어질까 봐, 할머니가 온갖 힘든 일을 다 털어놓을까 봐, 무슨 말을 해야 할지 모르겠는 상황이 될까 봐 두려웠습니다. 나는 할머니에게 도움이 될 수 없을 터였습니다. 늙고 외로운 여인에게 내가 해 줄 수 있는 일이 무엇이겠습니까? 하지만 내가 걱정했던 일은 일어나지 않았습니다. 오히려 나는 그 늙은 여인을 사랑하게 되었습니다. 나는 그 할머니를 만나러 다녔습니다. 할머니를 위해서가 아니라 나를 위해서, 약 7년 동안, 어느 해 성 밸런타인데이에 할머니가 세상을 떠날 때까지. 내 삶은 그분 덕분에 풍성해졌습니다. 나는 사랑받았고, 나 또한 그분을 사랑할 수 있었습니다. 이 모든 것은 은혜로 내가 그분의 얼굴을 보았기 때문입니다. 은혜로. '나는 목사야. 사람들을 잘 대해 줘야 해'라는 생각은 하지 않았습니다. 네, 그런 생각은 하지 않았습니다. 오히려 그 반대였습니다. 나는 누구든 내가 책임져 주어야 할 문제를 지닌 사람하고는 거리를 두기를 원하지만, 그게 꼭 원하는 대로 되지는 않습니다. 그래서 때때로 우리는 그런 사람들을 만나러 가고, 때때로 그 사람들의 이야기를 경청합니다. 할머니가 이야기할 때 나는 들었습니다. 사랑한다는 것은 바라본다는 뜻, 귀 기울인다는, 삶의 소리에 귀 기울인다는 뜻이고, 우리는 그렇게 할 때도 있고 하지 않을 때도 있습니다. 우리가 사람들을 바라보지 않을 때가 있는 것은 보지 않기로 선택하기 때문입니다.

인쇄업을 하는 어떤 이의 사무실을 방문했을 때 일이 기억납니다. 물론 뭔가 인쇄할 것이 있어서 간 것이었지만, 나는 그 사람에 관해 많은 것을 알고 있었습니다. 그는 결혼 생활에 어려움을 겪고 있었습니다. 술을 너무 많이 마시는 것도 문제였고요. 사업에도 문제가 있었습니다. 삶 전체가 무너져 내리고 있었던 거지요. 그런데 우리는 또 예외 없이 그 우스꽝스러운 인사말을 나눕니다. "안녕하세요?" 하고. 이보다 더 인간적인 질문이 있을까마는, 뉘라서 대답을 기대하겠습니까? 이 인사말은 원래 답변 같은 것은 없는 인사입니다. 이 친구의 사무실을 찾아갔을 때 나는 그 인사를 했습니다. "안녕하세요?" 물론 그가 안녕하지 않다는 걸 나는 알고 있었습니다. 그가 대답하지 않자, 견딜 수 없을 만큼 어색한 순간이, 일련의 순간이 이어졌습니다. 나는 속으로 이렇게 생각했습니다. 맙소사! 이 사람이 이제 나한테 다 털어놓을 작정이구나!

글쎄요, 그는 웃었습니다. 그런데 그 순간에 우리는 왜 웃었을까요? 자기 상태가 어떤지를, 정말이지 죽을 지경인 그 상태를 나에게 털어놓을 경우, 어떻게든 기운을 북돋아 주려 애쓰는 것 말고 내가 해 줄 일이 뭐 있겠는가 생각했기 때문일까요? 나는 그게 두려웠습니다. 잠시 후 그가 "저야 안녕하죠. 목사님은 어떠세요?"라고 말해 주어서 나는 한시름을 놓았고, 그날 우리는 일 이야기만 했습니다.

이렇게 우리는 사랑하라는 말을 듣습니다. 귀 기울이라는 말을 듣습니다. 바라보라는 말을 듣습니다. 그러나 우리가 그렇게 하지 못할 때가 많은 것은, 단연 그렇게 하지 않기로 선택하기 때문이고, 성자聖者나 되어야 늘 그렇게 할 수 있기 때문일 것입니다. 우리는 누구에게 귀 기울일 것인지 선택합니다. 만약 모든 이에게 귀 기울이고 모든 이를 다 바라본다면, 렘브란트가 그 노파의 얼굴을 바라보듯 모든 얼굴을 다 바라본다면, 길거리에서 어디 걸음이나 제대로 떼어 놓을 수 있겠습니까? 그럴 수 없을 것입니다. 모든 이가 하는 말을 다 귀 기울여 듣는다면, 단 하루인들 견딜 수 있겠습니까? 하지만 지금보다 조금 더 잘할 수는 있습니다. 지금 하는 것보다는 확실히 조금 더 잘할 수 있습니다.

▼ ▼ ▼

눈으로만 보는 게 아니라 상상력으로도 보기. 공감과 불쌍히 여기는 마음으로 보기. 렘브란트가 그 늙은 여인을 보듯, 홀든 콜필드와 시모어 글래스는 물론 예수께서도 탁월하게 지니셨던 엑스레이 시선으로 서로를 보기. 예수의 입에서 나온 가장 귀한 말씀, 그리고 내가 생각하기에 세상에서 가장 소중한 말씀은 "수고하고 무거운 짐 진 자들아 다 내게로 오라. 내가 너희를 쉬게 하리라"마 11:28는 말씀입니다. 이는 누가 보아도 수고하고 애쓰며 무거운 짐 진 자들, 이를테면 양로원의 노인, 가난한 사람, 소외된 사람, 굶주리는 사람에게 하시는 말씀일 뿐만 아니라, 모든 이에게 하시는 말씀이기도 합니다. 이는 결혼식 날을 맞은 아름다운 여인에게 하시는 말씀입니다. 방금 백만 달러를 번 남자에게 하시는 말씀입니다. 이제 막 학교를 졸업하고 더 큰 세상을 향해 나아가려는 젊은이에게 하시는 말씀입니다. 예수께서는 우리가 다 수고하고 무거운 짐 지고 있으며 모두 쉼이 필요하거나 예수가 필요하거나 평안이 필요하다는 사실을 알고 계십니다. 그러므로 우리도 서로를 그렇게, 예수께서 우리를 보시는 것처럼 보아야 합니다. 우리 한 사람 한 사람의 얼굴이 액자에 끼워져 예수께 보이는 것처럼 그렇게. 그 액자는, 굳이 이름 붙이자면 사랑의 액자입니다. 예수께서 우리를 보심은 우리를 사랑하시기 때문입니다. 예수께서 우리를 사랑하심은 우리를 보시기 때문입니다.

지금 대도시의 수많은 사람 속에 있다고 상상해 봅시다. 우리가 그 수많은 사람을 예수께서 우리를 보시듯 본다면 어떻게 되겠습니까? 늙은 사람도 있고 젊은 사람도 있고, 뚱뚱한 사람도 있고 빼빼 마른 사람도 있고, 예쁘고 잘생긴 사람도 있고 못

생긴 사람도 있는 이 익명의 무리를 말입니다. 이 사람들을 사랑한다는 것은 어떤 느낌일지 생각해 보십시오. 우리의 믿음이 진실하다면, 하나님이 계신다면, 그리고 하나님이 사랑하신다면, 이 사람들을 하나하나 사랑하실 겁니다. 이 사람들을 볼 때 사랑받는 사람으로 보십시오. 그리고 이 사람들을, 이 얼굴들을 나에게 사랑받는 사람들로 보려고 해 보십시오. 이 사람들을, 이 얼굴들을, 사랑스러운 얼굴, 친절한 얼굴, 온유하고 동정심 있는 얼굴을 사랑한다는 것은 어떤 느낌일까요? 이런 얼굴들을 사랑하기는 그렇게 어렵지 않습니다. 하지만 세상에는 다른 얼굴도 많습니다. 불쾌한 얼굴, 무서운 얼굴, 놀란 얼굴, 잔인한 얼굴, 마음을 열지 않는 얼굴 등. 이 얼굴들을 내 가족으로 생각하면 도움이 됩니다. 사랑할 수 있습니다. 그리고 이는 시도해 볼 만한 가치가 있는 일입니다. 이 얼굴들을 하나하나 사랑한다는 것, 이 얼굴들을 있는 그대로 보고 하나하나 사랑한다는 것, 그리고 마침내 "히틀러는 어떻게 생겼던가요?"라는 C. S. 루이스의 질문에 "그리스도처럼 생겼지요"라고 대답했던 목사처럼 그 얼굴들을 대면한다는 것은 어떤 기분일까요?

아, 그 사람들은 하나하나가 다 독특한 보물PECULIAR TREASURES입니다. 이 표현을 내 책 제목으로 쓴 적이 있는데, 이는 출애굽기에서 하나님께서 이스라엘 백성에게 하신 말씀에 나오는 표현입니다. "너희는 모든 민족 가운데서 나의 보물이 될 것이다." 출 19:5, 새번역 하나님께서는 우리 모두를 그렇게 자기 보물로 삼으실 생각이었습니다. 하나님께서 우리를 소중한 보물로 여기신 다는 사실을 생각할 때면 아직 언급하지 않은 또 한 분야의 예술이 생각납니다. 바로 텔레비전입니다. 나는 텔레비전을 하나의 예술로 생각합니다. 온갖 그릇된 목적을 위해 남용되고 오용되는, 여러 가지 면에서 촌스럽고 무시무시한, 그러나 어떤 경우 엄청나게 강력하기도 한 예술. 예를 들어 아치 벙커, 미트헤드, 글로리아 등이 출연한 〈올 인 더 패밀리 ALL IN THE FAMILY〉라는 옛 시트콤처럼 말입니다. 이 프로그램은 배꼽 빠지게 웃기기도 하지만 감동적이기도 합니다. 아주 재미있기도 하면서 사람을 감동시키는 재주가 있는 개리슨 케일러˙처럼 말입니다. 〈올 인 더 패밀리〉에서 특히 기억에 남는 장면은, 아치의 사위 미트헤드와 아치의 딸 글로리아가 웨스트코스트로 가게 되어서 가족들과 작별하는 장면입니다. 아치와 미트헤드는 지금까지 살던 작은 집 현관 계단에 서 있습니다. 아치와 미트헤드는 그 집에서 내내 싸우며 살았습니다. 아치는 고집불통으로 둘째가라면 서러워 할 인물로 인종차별주의자인데다 성차별주의자지만, 미트헤드는 공격적인 자유주의자였기에 두 사람은 해가 갈수록 더 티격태격했습니다. 작별을 고하기 직전, 두 사람은 서로 아무 말 없이 서 있습니다. 할 말이 생각나지 않는 것은 두 사람 다 마찬가지였습니다. 그때 갑자기 미트헤드가 두 팔을 내밀

▶   미국 작가 겸 방송인—옮긴이.

어 아치 벙커를 껴안으면서 말합니다. "제가 아버님을 싫어한다고 생각하셨지요? 하지만 저는 그동안 쭉 아버님을 사랑했어요." 눈부신 순간이었습니다. 아치의 얼굴은 주먹으로 한 방 맞기라도 한 듯 구겨졌습니다. 아무 할 말이 없었지만, 그 역시 같은 심정이었습니다. 내가 자네를 싫어한다고 생각했겠지. 자네한테 무관심하다고 생각했을 거야. 내가 자네를 가까이하지 않는다고 여겼을 거야. 내가 자네 옆에 없다고, 나 같은 건 존재하지 않는다고 생각했겠지. 하지만 난 쭉 자네를 사랑했다네.

그렇게 서로 사랑하십시오. 사랑받고 있음을 깨닫고 서로 사랑하십시오. 내가 그대를 사랑한다는 것을 알고 그대 자신을 사랑하십시오.

▼ ▼ ▼

내 생각에 세상에서 가장 깊은 신비는, 성경적 신앙이 가리키는 신비, 즉 우리가 흙과 별에서 온 물질로 만들어졌을 뿐만 아니라 하나님의 형상으로 만들어졌다는 개념입니다. 그 개념이 무슨 의미이든 나는 그 의미를 전부 다 알지는 못합니다. 하지만 내가 생각하기에 이는 우리가 하나님의 표MARK를 지니고 있다는 뜻입니다. 우리 내면 깊은 곳에 말입니다. 그리스도의 얼굴이 우리 안에 있고, 그분의 엄지손가락 지문이 우리에게 찍혀 있습니다. 하나님께서 만드신 그 거룩한 본성에 세상이 온갖 것을 덧붙이지만, 그래도 그 본성은 여전히 거기 존재하며, 우리가 수많은 형태로 그 본성의 흔적을 잃어버린다 해도 운이 좋으면 그 본성은 선善과 번득이는 통찰과 훌륭한 이상과 어떤 식으로든 치유를 구하는 선한 기도의 원천으로 여전히 존재합니다.

나는 바로 그 본성이야말로 모든 참된 예술이 생겨나는 곳이라고 생각합니다. 내가 말하는 참된 예술이란 단순히 사람을 즐겁게만 하는 예술이 아닙니다. 물론 그렇게 하는 것도 더할 나위 없이 좋지만, 참된 예술이란 영혼에 자양분이 되는, 지성을 깨우치는, 지식이 깊어지게 하는, 우리의 인간다움이 깊어지게 하는 예술입니다. 진정한 예술, 그리고 진정한 신앙이 하는 가장 훌륭한 일은 우리 각 사람으로 자신의 거룩한 부분, 예술과 사랑이 생겨나오는 근원, 모든 선하고 지혜로운 일들이 생겨 나오는 근원과 접촉하게 하고, 그래서 이 그림과 이 시와 이 발레와 이 음악과 이 성경 덕분에 우리가 마침내 참다운 인간이 되게 해 주는 것입니다.

2.

우리가 하는 이야기에서 하나님의 말씀 듣기

마야 안젤루의 웃음 방

마야 안젤루를 처음 만난 건 트리니티 연구소 초청으로 함께 강연했을 때였습니다. 트리니티 연구소는 해마다 강연회를 여는데, 솔직히 말해 이 강연회는 탈진해서 버틸 수 없게 된 성공회 성직자들을 위해 마련되는 행사입니다. 연구소 측은 이 성직자들이 다음 단계 사역을 이어가기 위해서는 영양 주사를 한 방씩 맞을 필요가 있다고 생각하는 것 같습니다. 그래서 연구소가 주로 해 온 일도 이들에게 학구적 영양 주사를 듬뿍 놓아 주는 일이었습니다. 연구소 측은 정말 엄청난 사람을 강사로 초빙했습니다. 신학자 위르겐 몰트만, 투투 주교, 캔터베리 대주교 같은 온갖 인물이 초청되었지요. 이 사람은 이런 이야기를 할 테고 저 사람은 저런 이야기를 할 것이라 우리가 짐작하는 대로 이들은 윤리, 교회, 인종 문제의 관점에서 기독교의 역할 등에 관해 이야기했습니다. 연구소에서 왜 내게 강연을 요청했는지 사실 잘 모르겠습니다. 이유를 설명할 수는 없지만, 어쨌든 연구소에서 연락이 왔지요. 매우 점잖은 성공회 사제께서 전화하셔서는, 이야기STORY를 주제로 시리즈 강연을 해 줄 수 있느냐고 하더군요. 이야기는 신학계에서 크게 유행하는 주제입니다. 그래서인지 그의 말을 듣자 화가 났습니다. 그래서 이렇게 대답했지요.

"안 합니다. 그런 강연에는 전혀 관심이 없습니다." 옆방에 있다가 뜻하지 않게 통화 내용을 들은 동생 제이미는 내가 전화를 끊자 이렇게 말했습니다. "형이 그 가여운 사람을 울린 게 분명해." 그도 그럴 것이 나는 일시적 유행에 관해서는 부정적인 말밖에 할 게 없고, 게다가 이야기라면 넌더리가 났고, 그래서 이야기에 관해서는 말하고 싶지도, 생각하고 싶지도, 듣고 싶지도 않다고 했습니다.

그런데 통화 중에 이 성공회 사제가 "그렇다면, 제가 댁으로 가서 좀 만나 뵈어도 될까요?"라고 하는 것 아니겠습니까? 당시 나는 플로리다에서 지내고 있었고 그 친구는 뉴욕에 있었습니다. 그런 일에 관해 이야기하자고 그렇게 먼 거리를 오겠다는 사람이라면 오라고 하는 수밖에 없지요. 그렇게 그 친구는 우리 집으로 나를 찾아왔습니다. 그러고는 내 말을 잘 생각해 봤다면서 원래 나에게 무엇을 제안하려 했는지를 넌지시 내비치더군요. 그는 그냥 편하게 와서 내 이야기를 들려줄 수 있겠느냐고 물었습니다. 당시 나는 두 권의 책을 막 펴낸 참이었습니다. 하나는 《하나님을 향한 여정 THE SACRED JOURNEY》이고, 또 하나는 《때때로 NOW AND THEN》였는데, 두 책에서 나는 지나온 삶을 아주 처음부터 돌아보면서 하나님께서 나를 향해 말씀하신다고 여겨지는 순간에 귀 기울인다는 의미에서 일종의 영적 자서전을 풀어놓고자 했습니다. 그건 어떤 사람이 털어놓을 수 있는 이야기 중 가장 매혹적인 이야기라 생각됩니다. 특히 그 사람이 마침

신앙적 성향을 갖게 된 사람이라면 더욱 그렇습니다. 당신은 지금의 당신처럼 되지 않을 수천 가지 이유가 있는데 어떻게 해서 지금과 같은 사람이 되었는가? 어떻게 된 것인가? 그것이 바로 내가 두 책에서 털어놓은 이야기입니다. 그런데 이 친구는 그 이야기를 반복해 줄 수 있느냐고 물었고, 그건 당시 나에게는 참 시기적절한 요청이었습니다. 나도 어떤 식으로든 그런 기회가 있었으면 좋겠다고 생각하던 참이었는데, 연구소 측에서 그 기회를 준 것이니 말입니다. 그래서 나는 하겠다고 했습니다.

초청 강사는 늘 두 명씩이었는데, 내가 초청받던 해 다른 한 강사가 바로 마야 안젤루라는 비범한 여성이었습니다. 마야가 자기 이야기를 풀어낸 책은 두 권이 아니라 내 생각에 다섯 권 정도는 되고, 그중 첫 책은 《새장에 갇힌 새가 왜 노래하는지 나는 아네 I KNOW WHY THE CAGED BIRD SINGS》라는 경이로운 책입니다.

마야 안젤루는 나와 엇비슷할 만큼 키가 큰 여성으로, 흑인이었고 아름다웠습니다. 그녀 앞에 서면 손이 따뜻해질 만큼 에너지가 충만했습니다. 마야는 남부에서 태어나 아칸소의 작은 마을 스탬프스에 있는 할머니 집에서 아주 가난하게 자랐습니다. 마야는 어릴 때 끔찍한 일을 겪었습니다. 여덟 살 때 강간을 당했는데, 폭력적인 강간이 아니라 아버지와 이혼한 어머니 집을 찾아갔다가 어머니의 남자친구에게 슬금슬금 추행을 당한 끝에 급기야 강간까지 당한 것이었습니다. 마야는 그 일을 겪고도 두려워서 주변에 털어놓지 못하다가 어린 오빠 베일리에게 결국 이야기했습니다. 요행인지 그로부터 이틀이 지나지 않아 마야를 강간한 남자가 죽었다는 소식이 들렸고, 마야는 자신이 입 밖에 낸 말이 그 남자를 죽였다고 생각하고 두려워했습니다. 그 후 5년 동안 마야는 입을 닫고 살았습니다. 5년 동안 아무 말도 하지 않았습니다. 성인이 된 마야는 댄서, 웨이트리스, 요리사 등의 직업을 전전했고, 잠깐이지만 매춘부 생활을 하기도 했습니다. 마야는 불운했습니다. 한때 함께 살던 남자는 돈이 필요하다면서 마야만 괜찮다면 자기 친구들을 상대로 성매매를 해도 상관없다고 했고, 마야는 한동안 그렇게 했습니다. 그 후 글을 쓰기 시작하면서 조금씩 활동 영역을 늘려가 책도 내고 오페라와 영화와 텔레비전에도 출연하며 갈채를 받았습니다. 달리 말해 마야는 르네상스인이었습니다. 생명력으로 충만했고, 원기 왕성했고, 이야기가 차고 넘쳤습니다. 마야가 내게 들려준 이야기 중 감동적인 것 두어 가지만 이야기해 보겠습니다.

먼저, 마야가 가끔 세상을 돌아다니다 보면 "나는 그리스도인입니다"라고 자못 자부심 있게 이야기하는 사람들을 만나곤 한답니다. 그리고 그런 말을 들을 때마다 마야는 이렇게 응수한다고 합니다. "저는 그리스도인이 되려고 무진 노력한답니다. 그리스도인으로 산다는 게 저에게는 아주 힘든 일이거든요. 열심히 애쓰긴 해요. 그런데 내 안에서 참 많은 일이 일어나서 힘들게 하지요." 하지만 어떤 사람이 "나는 그리스도인입니다"라고 할 때마다 그 말을 듣고 마야가 속으로 하는 말은 "벌써?"입니다. 기억해 두는 게 좋습니다. 벌써 그리스도인이라니… 와우.

마야가 들려준 이야기 중 마음에 든 것이 또 하나 있습니다. 노예를 부리던 시절 어느 농장에는 노예들 사이에서 웃음소리가 나면 안 된다는 규칙이 있었다고 합니다. 노예들은 웃으면 안 되었다니, 기가 막힙니다. 그런 이야기를 한 번도 들어 본 적은 없지만, 왜 그런 규칙이 있었을지 짐작은 갑니다. 내가 만약 누군가를 노예로 부리고 있다면, 그 노예가 소리 내어 웃는 모습은 보기 싫을 겁니다. 그렇지 않겠습니까? 잘 웃는 사람을 노예로 부리기는 더더욱 어려울 겁니다. 누가 압니까, 노예들이 나를 비웃고, 노예제도를 비웃을지. 노예 주인들은 늘 그런 위험을 상상할 것입니다. 그런데 마야의 말에 따르면, 노예들은 웃음 없이는 살 수 없었고, 그래서 '웃음 통'이라는 장치를 만들었답니다. 그 통을 어딘가에 갖다 놓고는 웃음 충동을 억누를 수 없을 때마다 마치 뭔가를 찾는 것처럼 통 속으로 몸을 기울여 웃음을 배출했답니다. 멋진 광경이 아닐 수 없습니다.

이어서 마야는 강연이 시작되기 전 진행된 정말 경이로운 고高교회 예배를 언급했습니다. 향불이 피어오르고, 영창이 울려 퍼지고, 화려한 제의祭衣가 등장한 예배였다고. 그리고 마야는 말했습니다. "방금 그 예배를 봤는데요. 여러분 성공회 교도들은 예배를 아주 멋지게 드리더군요. 여러분이 입은 그 눈부신 제의 하며, 그 촛불 하며, 그 노래 하며. 그리고 커다란 은 십자가를 손에 든 분이 더할 수 없이 근엄한 표정으로 등장하시더군요. 저는 혼자 생각했죠. 당신도 제의실 한쪽에 '웃음 방'을 만들어 놓아야겠군요. 이 멋진 것들에 에워싸여 행진하고, 가끔 그 방에 들어가 하하하! 하고 웃으세요. 그리고 웃음 방에서 나와 십자가를 들고 하던 일을 계속하세요."

물론 이 말에 담긴 놀라운 진리는, 우리가 마치 자기가 무얼 하는지 잘 알기라도 하는 듯이 이 종교적 전통과 예전을 이행한다는 것입니다. 우리 중 누구도 그건 모릅니다. 교회 예배란 이 부분에서 이 노래를 부르고, 또 이 부분에서는 기도하고, 이 순서에서는 이 성경 구절을 읽고, 이 순서와 또 이 순서에서는 자리에서 일어서는 것이라고들 생각합니다. 그것이 우리의 무모하기 짝이 없는 꿈 너머에 계신 분, 어떤 의미로도 어떤 부류의 교회 체제로도 포착할 수 없는 영광을 지니신 분을 예배하는 적절하고 자연스러운 방식이기라도 한 것처럼 말입니다. 예배를 잘 드릴 수 있도록, 개인 경건을 위해서, 어떤 일이든 우리가 하는 일을 잘 할 수 있도록, 마야가 얼마나 훌륭한 조언을 준 것인지요. 잠깐 걸음을 멈추고 그냥 한번 '하하하' 웃으라니! 하나님께서도 아마 그렇게 하실 것입니다.

트리니티에서 가장 감동적인 일은 마야가 한 차례 강연을 끝냈을 때 벌어졌습니다. 강연 후 많은 이가 질문을 했는데, 그중 한 사람이 인종차별에 관해 물었습니다. 인종차별이 나아졌는가, 아니면 더 심해졌는가? 웨스트코스트 어느 지역의 상황이 이스트코스트의 상황보다 나은가? 마야는 "제가 이야기 하나를 들려드리겠습니다"라면서 답변을 시작했습니다. 15년 전쯤 마야는 샌프란시스코만 지역에 머물면서 아프리카 예술을 다루는 공중파 텔레비전 프로그램에 출연했답니다. 그런데 어느 날 한 백인 남자가 전화를 걸어와 자신이 특정 종류의 아프리카 조각상을 모은다면서 와서 자신의 소장품을 보면 놀랄 거라고 하더랍니다. 그래서 마야는 그 남자의 소장품을 보러 갔습니다. 어떤 형식의 아프리카 예술이었든, 그의 소장품은 멋졌습니다. 남자는 자신의 소장품을 마야에게 대여해 주었고 마야는 그 남자가 원하는 대로 작품들을 활용했습니다. 이 일을 통해 두 사람은 절친한 친구가 되었습니다. 마야가 남자의 집을 방문해 함께 식사한 것도 여러 번이었고 남자의 아내와도 친해졌습니다. 마야는 두 사람을 자기 숙소로 초대해 저녁을 대접하기도 했습니다. 이들은 좋은 벗이 되었습니다. 마야는 이들과 함께한 시간이 그곳에 머무는 동안 가장 유쾌한 시간으로 손꼽힌다고 했습니다. 얼마 후 텔레비전 프로그램이 종영되고 마야는 집으로 돌아갔습니다. 시간이 흘러 4-5년쯤 후 마야는 샌프란시스코만 지역에 다시 가게 되었고, 이번에는 지난번보다 좀 더 오래 머물 예정이었답니다. 당연히 마야는 예의 그 친구에게 전화를 걸어, 다시 볼 수 있게 되어 기쁘다고 말했지요. 그런데 그 친구는 이렇게 대답했습니다. "그동안 내가 무슨 일을 하고 있었는지 이야기해 줄게요. 유럽에 주둔한 미군 관련 일에 종사하고 있어요. 어떤 면에서 미군들에게 그건 쉽지 않은 일이에요. 흑인들에게는 특히 더 힘들지요. 이유는 뻔해요. 유럽에는 흑인이 그다지 많지 않거든요. 그리고 '우리' 애들이 또 힘든 건…"

마야가 남자의 말을 끊었습니다. "잠깐만요, 뭐라고 하셨어요?"

"유럽에서는 흑인 군대가 주둔하는 게 특히 힘들다고요. 그리고 또 우리 애들은…"

"뭐라고 하셨어요?" 마야는 다시 남자의 말을 끊었습니다. 마야는 자기가 그러는 이유를 남자가 알아차리기를 바랐다고 합니다.

똑같은 말이 되풀이되었습니다. "그러니까, 흑인 군대는…" 이라고 하다가 남자는 퍼뜩 정신이 드는 듯했습니다. "오, 이런! 하필이면 당신한테 내가 무슨 말을 한 거지요? 흑인 군대라니… 우리 애들이라니. 너무 당황스럽군요. 말을 못 잇겠어요. 전화 끊어야겠어요. 하필이면 당신한테 이런 말을 하다니."

마야는 말했습니다. "아니에요, 아니에요, 끊지 마세요. 지금이 바로 우리가 대화할 때예요. 이게 바로 진보적 발언과 피상적 우정 이면에 자리 잡은 인종차별이지요. '우리'와 '그들'의 의식. 백인, 흑인, 그 밖의 뭐든, 뿌리 깊은 그 의식 말이에요."

이렇게 해서 그들은 만나기로 약속하고 대화를 마쳤습니다. 그런데 마야의 말이, 그 뒤로 그 사람에게 수없이 전화도 걸어 보고 이런저런 메시지를 남겨도 보았지만, 그에게서는 아무 반응이 없었답니다.

그걸로 그 사람과의 관계는 끝이었다고 했습니다. 질의응답을 마칠 즈음 마야는 매우 감정이 격해지고 뭔가 울컥한 기분인 듯했습니다. 다음 날, 마야는 인종차별에 관한 이 일화를 곰곰이 생각해 보는 것으로 강연을 시작했습니다. "어제 강의실을 나서는데 어떤 남자가 제 앞에 서더니 '저 왔습니다!'라고 하더군요."

마야의 입에서 이 말이 떨어지자마자 작은 체구에 수염이 덥수룩한 백인 성공회 사제 한 사람이 갑자기 내가 앉은 청중석 몇 줄 뒤에서 벌떡 일어나 통로로 나오더니 단상으로 올라가 마야와 포옹했습니다. 그 남자가 몇 년 전 마야와 통화하다가 당혹스러워 말을 잇지 못하던 그 사람임은 두말할 필요도 없습니다. 마야도 울고 그 남자도 울고 우리도 다 울었습니다. 하나님 나라를 방금 얼핏 보았으니 말입니다. 참으로 감동적이었습니다. 참으로 눈부셨습니다.

마야 안젤루가 들려준 또 하나의 감동적인 이야기는, 강사 섭외 통화 중 내가 울려버린 그 친절한 친구가 우리 두 사람을 청중에게 소개할 때의 이야기입니다. 강연은 내가 먼저 했습니다. 앞에서 이야기했다시피 내 영적 자서전을 바탕으로 내가 강연을 마치자 이 친구가 마야를 소개하면서 말했습니다. "이제 안젤루 씨가 여러분에게 자신의 이야기를 들려 드릴 텐데요. 여러분이 방금 프레드릭 비크너 씨에게 들은 이야기하고는 사못 다른 이야기가 될 겁니다." 그러자 청중석 맨 앞줄에 앉아 있던 마야 안젤루는 고개를 가로저으며 자리에서 일어나면서 그건 아니라고 했습니다. 단상에 오른 마야는 이렇게 말했습니다. "제 이야기도 프레드릭 비크너 씨의 이야기와 다를 게 없습니다." 나는 그 말에 크게 감동했습니다. 그도 그럴 것이, 여러모로 우리 두 사람의 인생 이야기만큼 다른 이야기가 어디 있겠습니까? 나는 남자고 마야는 여자입니다. 나는 백인이고 마야는 흑인입니다. 마야는 극심한 가난 속에서 자랐지만, 맹세코 나는 부자는 아니었어도 마야에 비하면 풍요롭게 자랐습니다. 그런데도 마야는 우리 두 사람의 인생 이야기가 다르지 않다고 했습니다. 내 생각에 마야의 말은, 어떤 차원에서 우리가, 우리 모두가 다 다르지만 결국은 모두 같은 이야기를 지니고 있다는 뜻입니다. 내가 어떻게 해서 인간이 되는지, 어떻게 해서 믿게 되는지, 믿지 않아야 할 이유를 매주 1만 4천 개씩 던져 주는 세상에서 어떻게 신앙을 갖게 되는지, 어떻게 살아남는지, 특히 마야 안젤루가 자신의 어린 시절을 견뎠듯, 우리 모두 저마다의 어린 시절을 견뎠듯, 어떻게 우리 자신의 어린 시절을 견디고 살아남는지에 관한 한, 우리는 다 같은 이야기를 지닌 것이고, 따라서 누구의 인생 이야기든 그 이야기는 내 이야기를 조명해 줍니다.

그것이 바로 내가 내 이야기를 털어놓는 유일한 이유입니다. 그것만이 내가 내 이야기를 하는 이 행동을 정당화해 줍니다. 뉘라서 내 이야기에 야유를 보내겠습니까? 하지만 여러분은 야유를 보내도 됩니다. 내 이야기는 여러 면에서 바로 여러분의 이야기이기도 하니까요.

보이지 않는 데 있는 하나님의 은혜,
혹은 이야기가 중요한 이유

오늘 아침, 잠에서 깨어 몇 가지 이유로 저 멋진 히브리서 11장 말씀을 생각했습니다.

> 믿음은 바라는 것들의 실상이요 보이지 않는 것들의 증거니 선진들이 이로써 증거를 얻었느니라. 믿음으로 모든 세계가 하나님의 말씀으로 지어진 줄을 우리가 아나니 보이는 것은 나타난 것으로 말미암아 된 것이 아니니라. 히 11:1-3

그리고 이어서 엄청난 믿음의 영웅들 명단이 쭉 이어집니다. 믿음으로 아벨은 가인보다 더 나은 제사를 하나님께 드림으로, 믿음으로 에녹은 죽음을 보지 않고 옮겨졌으니, 믿음으로 아브라함은 부르심을 받았을 때 순종하여 장래의 유업으로 받을 땅에 나아갈 새, 믿음으로 사라 자신도, 믿음으로 이삭은 … 등등. 이 사람들은 다 믿음 가운데 죽었으며 '약속(된 것)을 받지 못하였으되' 멀리서 그것을 보고 반가워 했으며, 자신들이 이 땅에서 타향살이 중인 나그네임을 고백했으니, 이들이 이같이 말하는 것은 자신들이 본향 찾는 자들임을 분명히 하는 것입니다. 놀라운 말씀입니다.

그리고 또 나는 캔자스에서 온 어린 도로시 게일을 생각했습니다. 도로시는 마법사를 찾으러 오즈에 왔습니다. 집에 돌아갈 방법을 마법사가 알려 주기를 바라면서. 어떤 의미에서 우리는 다 집에 돌아가기를 바랍니다. 멀리서만 얼핏 본, 그러나 어쨌든 보기는 본 어떤 곳에. 또 나는 집의 전진 기지, 집이 어떻게 생겼는지 올라서서 볼 수 있게 해 주는 문지방으로서의 교회도 생각했습니다.

그리고 또 내가 교회에 관해 이따금 이야기하곤 하는 모든 불쾌한 일에 관해서도 생각했습니다. 내가 그런 이야기를 하는 것은 뉴잉글랜드에서 살 때의 경험 때문인데, 적어도 내가 보기에 그곳 교회들은 교회가 할 일을 제대로 하지 않았습니다. 나는 영적으로 굶주렸는데, 교회는 나에게 먹을 것을 주지 않았습니다. 최근 남부 어느 지역에서 존 허프만이라는 사람과 함께 강연하면서 그의 강연을 아주 흥미롭게 들었습니다. 그보다도 어쩌면 나는 한 인간으로서의 그를 지켜보았고 그의 말에 귀를 기울였습니다. 그리고 생각했습니다. 내가 만약 운이 좋아서 허프만처럼 지혜롭고 남을 불쌍히 여길 줄 알고 헌신적인 목사가 있는 곳에서 살았다면, 교회란 무엇인가를 전혀 달리 인식하게 되었을 것이라고. 자기 자신에 관해 아는 것과 모르는 것을, 하나님에 관해 아는 것과 모르는 것에 모두 주어 버리라고 한 그의 이야기가 좋았습니다. 표현이 아주 멋졌습니다.

성경이 사실은 진부한 도덕을 말하는 책이 아님을, 화석화

된 성자와 도덕적 표본과 따분한 인물로 가득한 책이 아님을 사람들이 깨우칠 수 있도록 도와주기란 쉽지 않습니다. 성경의 구성이 다소 지루하고 성경을 제시하는 방식 또한 지루해서 흔히 성경이 위와 같은 책이 아닌가 여겨지니 말입니다. 거룩한 일들을 이야기하려고 하면서 전통적 교리와 성경적 신앙 용어를 동원해 그 거룩한 일들에 다시 생기를 불어넣고, 사람들이 그 일에 관심을 두게 하고, 인간이 생각만큼 그렇게 완전한 파산 상태는 아님을 깨우쳐 준다는 것은 쉬운 일이 아닙니다. 사람들은 그 거룩한 일들을 좋아하지만 그걸 전달하는 일에 그다지 능하지 못해, 자기가 파산 상태라 믿게 되는 경우가 비일비재합니다. 그것이 바로 우리가 신앙을 말할 때 동원하는 용어 가운데 하나입니다. 딱딱한 신앙 용어 말이지요.

그런데 문제는, 많은 사람이 보기에 교리 용어, 시온의 언어, 경건한 표현, 성경이 범주화한 언어 등은 너무 오래 이 손 저 손으로 옮겨 다니는 바람에 거기 새겨진 상(像)이 다 닳아 없어진 동전과 같다는 것입니다. 이제 우리는 그 말이 무슨 말인지 알지도 못하고 읽지도 못합니다. 그 용어들은 오래된 동전처럼 매끈하게 닳아 있습니다. 우리는 그 용어의 가치를 알지 못합니다. 이런 표현들을 지금까지 듣고 또 들었습니다. 그 표현들이 더는 통용되지 않을 때까지. 이제 그 용어들에는 과거와 같은 위력이 없습니다. 그러므로 거룩한 일들을 말할 때 쓸 수 있는 좀 새로운 용어들이 있습니다. 그리고 비언어적 방식도 있습니다. 마야 안젤루가 강연을 마치고 강단에 서 있을 때 키 작은 털보 백인 성공회 사제가 청중석에서 일어나 강단으로 올라가 마야를 포옹하고 마야도 그를 껴안는 광경에 강의실에 있던 모든 이가 눈물을 흘리던 그때처럼 말입니다. 사랑과 하나님나라 등 거의 모든 일에 관해 우리의 의도를 충분히 나타내 줄 만한 것으로 그런 비언어적 용어보다 더 훌륭한 용어를 과연 찾을 수 있겠습니까?

이 책 1장에서 내가 말하고자 한 것은, 예술이 바로 그런 용어라는 것입니다. 여기서 내가 말하는 예술이란 언어를 수반하는 예술만이 아니라 음악이나 그림 같은 비언어적 예술까지 포괄합니다. 대규모 음악회에 가면, 올봄에 내가 아내와 함께 펜실베이니아주 베들레헴의 바흐 페스티벌에 갔을 때 그랬던 것처럼, 음악을 통해 전달된 하나님의 신비와 인간의 신비에 관한 그 심원한 소리를 듣지 않을 수가 없습니다. 위대한 그림도 마찬가지입니다. 아내와 함께 간 모네전展에서, 건초더미와 각각 다른 여러 종류의 빛과 어둑함과 비가 어떤 식으로든 전달하는 은혜를 보지 않을 수 없었던 것처럼 말입니다.

▼ ▼ ▼

거룩한 일을 말하는 방법에는 이와 같은 것이 있고, 물론 글쓰기, 특히 이야기를 써 나가는 예술도 있으며, 내가 손댄 게 바로 그 일이었습니다. 이야기를 활용해 믿음이 무엇인지를 전달하는 일. 물론 나는 모든 예술 중에서 스토리텔링 예술보다 더 성경적 신앙의 본질에 기본이 되는 것은 없다고 생각합니다. 생각해 보면 성경이야말로 기본적으로 스토리텔링이기 때문입니다. 성경은 일련의 이야기입니다. 창세기 같은 이야기든, 이스라엘 역사 서사든, 복음서든 말입니다. 창세기든, 역사서든, 복음서든 모든 성경은 실제로 발생한 일, 발생했을 수도 있는 일, 발생했다고 상상되는 일을, 아마 다른 방식으로는 전달할 수 없었을 깊은 진리를 자세히 이야기합니다. 예수께서도 비유가 아니면 제자들에게 아무것도, 아무것도 말씀하지 않으셨다는 점을 생각해 보십시오. 한번 생각해 보십시오, 정말 흥미롭습니다. 달리 말해, 예수께서는 오늘날 누군가가 사람들을 가르치는 방식, 이를테면 폴 틸리히나 존 허프만이나 나 같은 사람이 가르치는 방식, 또는 어떤 신학자나 설교자가 흔히 쓰는 방식으로 사람들을 가르치지 않으셨습니다. 예수께서는 그저 아주 평범한, 아주 단순한 이야기를 들려주는 방식으로 가르치셨습니다.

생각해 보면 신조도 마찬가지입니다. 우리는 수많은 교리적 진술을 믿는 게 아닙니다. 나는 천지를 지으신 하나님 아버지를, 성령으로 잉태하사 동정녀 마리아에게서 태어나시고 본디오 빌라도에게 고난을 겪으시고 십자가에 못 박혀 죽었다가 살아나셔서 음부로 내려갔다가 사흘 만에 죽음에서 일어나셔서, 이러고저러고 하신 예수 그리스도를 믿습니다…. 아닙니다. 나는 이런 일이 일어났다는 것을, 이런 일련의 사건이 일어났다는 것을 믿는 것입니다. 나는 예정을 믿습니다, 나는 보혈의 속죄를 믿습니다, 나는 만인제사장설을 믿습니다, 라고 말하지 마십시오. 나는 이런 일이 일어났다고 믿는다고 말하십시오. 그분이 태어나셨고, 이런 일을 하셨고, 저런 일을 하셨고, 그분에게 이런 일이 '일어났고', 또 이런 일도 '일어났으며' 또 저런 일이 그분에게 '일어났다'는 것 등을 믿는다고요.

따라서 그런 의미에서 이야기는 신앙의 기본이며, 이야기는 우리 모두의 신앙에 기본임이 확실합니다. 내가 생각하기에 우리의 믿음은, 그 믿음에 어떤 가치가 있다면, 강단에서 들은 이야기만이 아니라 우리 각 사람이 이 세상에서 살아온 이야기에서 비롯되기 때문입니다. 우리의 신앙은 우리 개인의 이야기에서 시작됩니다. 하나님께서는 우리 이야기를 통해 우리에게 말씀하시고, 그 이야기에 플롯이 있다는 인식을 주십니다. 20세기 초 영국의 경이로운 소설가이자 단편 작가인 E. M. 포스터는 스토리와 플롯을 이렇게 구별했습니다. 스토리는 왕이 죽었고 이어서 왕비도 죽었다고 말하는 것입니다. 한마디로 시퀀스 SEQUENCE, 즉 사건을 시간순으로 배열하는 것이지요. 이런 일이 일어났고, 저런 일이 일어났고, 이어서 또 저런 일이 일어났다고. 이에 비해 플롯은, 왕이 죽자 왕비도 슬픔으로 죽었다, 입니다. 다시 말해, 플롯은 '왜냐하면'을 말하며, 원인과 결과, 양상, 상황이 어딘가에 이르렀다고 넌지시 말합니다. 왕이 죽자 왕비도 죽었으니 이는 왕비가 왕을 사랑했기 때문이라고요.

신앙적 의미에서 자기 이야기를 한다는 것은 무슨 의미입니까? 내 생각에 이는 한 사람의 삶에 플롯이 있음을 확인하는 것이기도 합니다. 이는 어떤 특별한 방향이나 목적 없이 한 사건에 이어 그저 또 한 사건이 일어나는 것이 아니라, 나를 어딘가로 데려가기 위해 이런 일들이 일어난다는 뜻입니다. 하나의 이야기에 기승전결이 있는 것처럼 말입니다. 상황은 마지막에 어떻게든 마무리되고, 모든 일이 어느 정도 이 필연적 결론에 이른 것으로, 제자리를 찾은 것으로 보일 수 있습니다. 그때까지 일어난 일들이 제아무리 우연하고 이상하고 진기할지라도요. 그 일들은 한 사람의 인생 스토리의 전체 윤곽과 짜임새와 현실에서 나름의 목적을 지니고 있었던 것입니다.

그것이 바로 내가 자전적 책을 쓰면서 내 삶을 돌아보고 당시에는 별로 중요해 보이지 않았던 일이 사실은 내 인생 플롯의 핵심이었음을 깨달았을 때 발견한 사실입니다. 나는 열한 살이나 열두 살 무렵의 어느 날 버뮤다에 있던 내 모습을 지금 내 방 창문 밖에 서 있는 나무들의 윤곽만큼이나 생생하게 떠올릴 수 있습니다. 자전거를 타고 어느 언덕의 조붓한 흙길을 오르고 있었는데, 맞은편으로 로렌스 스턴* 시대 성공회 사제 식으로 각반脚絆을 두르고 검은 코트에 평평한 테가 둘린 넓적한 모자를 쓴 사제 한 사람이 황금빛 먼지와 초록색 종려나무 잎사귀, 산

▶ 아일랜드 태생의 영국 소설가 겸 성공회 사제(1713-1768) — 옮긴이.

호색 돌담 사이로 걸어 내려오고 있었습니다. 절대 잊지 못할 순간이었습니다. 왜냐하면, 내 인생 플롯의 한 부분이 될 순간이었으니까요. 내가 그 순간을 기억하는 것은, 그 순간이 내 온 삶과 신앙의 본질이 무엇인지를 풀어 줄 하나의 실마리였기 때문입니다.

플로리다에 사는 나에게 전화를 걸어 트리니티 강좌에 와서 이야기에 관해 이야기해 달라고 초청했던 그 가여운 사내를, 그리고 내가 속이 뒤틀려 험한 말을 내뱉었던 것을 생각해 봅니다. 기억건대 내가 그런 험한 말을 한 것은, 그만큼 이야기라는 것이 하나의 유행이 되어 버렸기 때문입니다. 하지만 지금도 여전히 참담한 기분이 드는 게 무엇이냐 하면, 이야기라고 하면 어떤 사람들은 목사가 강단에 서서 한심하기 짝이 없는 장광설로 메시지를 전한다는 뜻으로 이해한다는 것입니다. 이야기식 설교로 유명한 어떤 사람의 설교를 들은 기억이 납니다. 탕자 이야기를 서구식으로 각색한 그 끔찍한 설교를 처음부터 끝까지 다 들었습니다. 예수께서는 그 이야기를 아주 아름답게 들려주십니다. 예수의 이야기는 아주 암시적이어서 상세히 설명된 게 단 한 부분도 없습니다. 그런데 이야기 목사의 설교는 구구절절 인위적이고 용의주도한 설명인 데다가 말끝마다, 거의 넌덜머리가 날 만큼 '아멘' 타령이었습니다. 그 설교를 들으며 생각했습니다. '오, 하나님, 저 사람을 용서하소서. 자기가 지금 무슨 짓을 하고 있는지 모르고 있나이다.'

▼ ▼ ▼

어떤 차이든 차이가 나는 이야기는 오직 두 가지뿐입니다. 바로 하나님의 이야기와 인간의 이야기지요. 우리는 무수한 형태로 변주된 이 두 이야기의 각기 다른 버전을 삶으로 살아내고 있습니다. 하나님의 이야기, 또는 하나님과 인간의 이야기는 단순합니다. 하나님이 세상을 만드셨고 세상을 사랑하셨으며, 세상은 길을 잃었고, 하나님께서 인간 역사의 나머지 부분을 다 동원해 어떻게든 세상을 되찾으려 하신다는 것입니다. 내가 생각하기로는 그것이 우리 각 사람이 체험하는 하나님과 인간의 이야기입니다. 이 이야기는 사실상 그 정도로 단순하기도 하고 그 정도로 복잡하기도 합니다.

마야 안젤루가 자신의 이야기가 내 이야기와 다르지 않다고 했듯, 인간의 이야기란, 우리가 다 똑같은 방식으로 태어나고, 형편이 안 좋기도 하고 혼란스럽고 고통스럽기도 한 어린 시절을 어떻게든 견디고 살아남아야 하고, 어떤 존재로 살아야 할지를 알아내야 하고, 그러면서 모두 늙고 병들어 결국은 죽는다는 것입니다.

이것이 인간의 이야기입니다. 그리고 그 이야기를 살아내는 과정에 하나님의 이야기가 우리의 이야기와 교차합니다. 하나님이 우리 이야기에 등장하십니다. 그런 의미에서, 스토리텔링은 정말로 나를 매혹합니다. 그 가여운 사내가 처음부터 그렇게 말하면서 나를 초청했더라면, 나는 두말없이 덥석 받아들였을 것입니다. 그런데 어떤 면에서 결국 나는 그 사내의 요청대로 했습니다. 하나님의 이야기와 인간의 이야기가 맞물리는 방식, 그 방식의 의미 있는 예가 될 수 있을 만큼 내 이야기를 풀어 놓았으니까요.

내 이야기 말고 다른 이야기도 쓰는 작가로서 나는 바로 그렇게 하려고 애써 왔습니다. 인간의 여러 이야기를 가능한 한 솔직하게 제시하려고요. 여느 사람들과 똑같이 세상에 태어나, 여느 사람들과 똑같이 그 세상 때문에 상처 입고 그 세상에 짓눌리고, 누구나 다 그런 것처럼 온갖 모험을 다 하는 사람들, 그 와중에 예기치 못한 온갖 방식으로 하나님의 임재를 접하는 사람들의 이야기를 말입니다. 하나님께서 그런 식으로 사람들을 만져 주셔도 이들은 그 방식을 경건한 방식으로 인정하지 않을지 모릅니다. 그것이 하나님의 방식인 줄 사람들이 반드시 알아차리지는 못합니다. 그래도 그것은 하나님의 방식입니다.

프랑스의 로마가톨릭 신자인 소설가 프랑수아 모리악이 영국의 소설가 그레이엄 그린을 두고 이런 말을 했습니다. 그린은 자기 작품에서 "보이지 않는 데 있는 은혜의 임재"를 다뤘다고요. 멋진 표현입니다. 은혜는 수면 아래 있습니다. 큰소리로 자기를 알리는 브라스 밴드처럼 거기 있지 않고, 우리가 심지어 알아차리지 못할 수도 있고 알아차릴 수도 있으며 마음대로 뒷걸음칠 수도 있게 하는 그런 방식으로 다가와 우리를 만지고 우리를 들이받습니다. 삶이란 그만큼 복잡하고, 하나님께서 어떤 식으로든 그 복잡함 속으로 들어오시게 되면 그 복잡함이 더 복잡해지고, 그래서 우리가 다른 쪽으로 고개를 돌려 버리기 때문이지요. 〈몰래카메라〉 속의 사람들, 환상적이고 기적적인 일이 일어나면 너무 불안한 나머지 짐짓 시선을 돌리는 사람들처럼 말입니다. 자동차가 운전자 없이 도로를 질주할 수도 있음을 믿지 않으면서 하루를 버티기는 힘듭니다. 여기 우리 가운데서 움직이시며 우리를 어딘가로 데려가시는 하나님이 정말로 존재한다고 생각하지 않으면서 평생을 버티기도 쉽지 않습니다.

나는 바로 그런 이야기를 하고자 합니다. 인간에 관해, 드잡이하며 메치기도 하고 넘어지기도 하는 인간 실존에 관해, 어쩌다 알게 된 사람들 혹은 자기에게 일어난 일이나 일어나지 않은 일을 통해 여기저기서 은혜를 접하게 되는 인간에 관해서 말입니다. 내가 깊이 찬탄하는 작품이나 작가들은 다 그렇게 합니다. 플래너리 오코너 같은 작가의 작품은 한결같이 은혜를 우연히 발견하는 이야기입니다. 그레이엄 그린의 《권력과 영광The Power and the Glory》은 나에게 영향을 끼친 소설 중에서도 가장 크게 영향을 끼친 작품으로, 여기에는 치사하고 어설프고 소심하고 간음까지 저지른 가톨릭 사제가 등장합니다. 그는 하나님의 은혜로 혁명기 멕시코에서 어찌어찌 목숨을 부지하게 되고, 그가 접하는 사람들은 어찌 된 일인지 그의 존재로 말미암아 조금 더 활기를 띠게 되고, 덕분에 이 사제는 어떤 면에서 성자가 되는데, 석고상 성자, 후광을 두른 성자라는 의미에서의 성자가 아니라 여느 사람과 똑같이 뒤죽박죽이지만, 그런데도 이 사람을 통해 하나님의 은혜가 역사할 수 있었다는 의미에서의 성자입니다. 이 사제는 하나님께서 은혜를 베푸시는 도구가 되었습니다.

▼ ▼ ▼

나는 이와 같은 신비와 더불어 내가 꿈꾸는 방식을 글로 씁니다. 밤에 잠자리에 들어 존재의 심연에서 깨어날 때 이 꿈이 찾아오는 것처럼, 어떤 마음 상태든 그 마음 상태에서 내 심연으로부터 인물 하나, 둘, 혹은 셋이, 그리고 어떤 상황과 장소와 느낌이 찾아옵니다. 이는 그 책의 내용이 그냥 주어지는 것하고 비슷합니다. 꿈이 그냥 주어지는 것처럼 말입니다. 꿈은 명령하지 않아도 찾아옵니다. 꿈은 강요할 수 없으며, 만약 꿈이 찾아온다면 그건 아주 행운입니다. 꿈이 늘 오는 건 아니니까요. 꿈은 내 고유의 창작물로, 다른 누구도 꾸지 않은 꿈, 나만이 꾼 꿈으로 생각할 수 있습니다. 꿈은 내 존재의 심연, 내 잠재의식에서, 낮에 있었던 모든 일, 그 소재에서 생겨납니다. 누군가가 말한 어떤 일에 관한 꿈을 꾸기도 합니다. 그런데 왜 하필이면 그 일일까요? 어떤 의미에서 꿈은 나의 것, 나의 창작물이지만, 그와 동시에 누구나 다 알다시피 꿈은 나 자신이 아닌 어떤 곳에서 온 듯한 말을 내게 전해 줍니다. 꿈은 흔히 하나의 계시이기 때문입니다. 꿈을 꾸다가 자신에 관한 진실을 깨닫고 깨어나는 경험이 누구에게나 있습니다. 이렇게 꿈은 내게서 나오는 말이고, 또한 나를 향한 말이기도 합니다. 누구나 그런 꿈 이야기 한두 가지는 할 수 있을 거로 생각합니다. 나도 그런 꿈에 관해 글을 썼습니다. 그중 하나를 이제 이야기할 텐데, 내가 쓴 책을 읽어봤다면 이미 알지도 모르겠습니다. 그래도 어쨌든 그 이야기를 하려는 것은, 호텔에서 머무는 것에 관해 내가 꾼 꿈 중 가장 솔직한 꿈이기 때문입니다.

나는 호텔에 머무는 꿈을 자주 꿉니다. 그게 무슨 의미든. 나는 이 멋진 방에, 어떻게 생겼는지보다는 그 방에서 내가 얼마나 기분이 좋았는지가 더 뚜렷이 기억나는 이 멋진 방에 머물고 있습니다. 나에게 안성맞춤인 곳입니다. 편안하고 행복합니다. 꿈은 계속되고, 나는 잊고 있던 또 다른 모험을 합니다. 그러다가 어느새 나는 호텔로 돌아와, 그렇게 기분 좋고 그렇게 편했던 그 방이 어디인지 찾으려 애씁니다. 그런데 안타깝게도 그 방이 몇 호실이었는지 생각나지 않습니다. 그곳은 대형 호텔이었습니다. 프런트로 내려갔더니 어떤 사람이 있기에 그 사람에게 말하지요. 내 방을 찾으려는데 몇 호실인지 기억나지 않는다고. 그랬더니 그 사람은 대답합니다. "원하시면 언제든지 그 방에 아주 쉽게 들어가실 수 있습니다. 방에는 번호가 없고, 대신 이름이 있거든요." "그 방 이름이 뭔가요?" 내가 물으니 그는 이렇게 말합니다. "그 방 이름은 기억하라Remember입니다." 그 말을 듣고 잠에서 깬 적이 한두 번이 아닙니다. 꿈의 의미를 완전히 다 이해하지는 못하지만, 어쨌든 한 가지 실마리는 주어져 있습니다. 이 꿈이 우리 모두에게 주는 실마리는, 충분히 멀리 기억한다는 것, 충분히 깊이 기억한다는 것은 곧 하나님을 기억하는 것이요, 에덴을 기억하는 것, 내가 어디에서 왔는지를 기억하는 것이고, 기억을 통해서 우리가 모종의 진리, 우리를 자유롭게 하고 우리를 치유하는 진리로 돌아가는 길을 찾는다는 것입니다.

하나님께서 내게 말씀하신 그 순간들을 곰곰이 돌이켜 생각해 보면 이는 내게도 해당하는 말입니다. 내가 심리 치료를 받던 때를 생각해 봐도 그렇습니다. 기억하기, 객관적 기억하기라는 치유 과정 내내 누군가의 도움을 받아 과거의 그림자를 기억하고, 그 그림자를 직면하고, 그것을 되살리고, 이 과정이 여하튼 그 그림자를 몰아내 줍니다.

▼ ▼ ▼

나는 레오 뱁이라는 한 남자에 관해 네 편의 연작 소설을 썼습니다. 뱁은 나에게 성자였습니다. 뱁이라는 인물이 탄생한 과정에는 흥미로운 이야기가 얽혀 있습니다. 어느 날 이발소에 가서 내 순서를 기다리고 있는데, 〈라이프LIFE〉 지가 눈에 띄었습니다. 집어 들어 펼쳤더니 어떤 손님의 머리카락 한 올이 끼어 있었고, 머리카락이 끼어 있는 페이지에는 한 종교 협잡꾼에 관한 이야기가 실려 있었습니다. 그 사람 이름은 여기서 언급하지 않겠습니다. 그 사람이나 그 사람의 자녀가 혹시 내 글을 보고 명예훼손으로 고소할까 두려우니까요. 어쨌든 그 페이지에는 그 사람 기사가 실렸는데, 그는 공연음란죄로 교도소에 갔다 오기도 했고, 가짜 수표로 현금을 바꾸기도 했고, 플로리다 어딘가에서 지붕이 납작한 괴상한 예배당 비슷한 것을 지어 운영하고 있다고도 했습니다. 잡지에는 번쩍거리는 커다란 틀니 걸이가 도드라지는 그 사람 사진도 실려 있었습니다. 그런데 기사를 읽다 보니 어찌 된 일인지 내 안에서 모종의 반응이 일어나면서 내 존재의 저 깊은 곳에서 사실상 내가 전혀 모르는 어떤 세상 하나가 불쑥 모습을 드러냈습니다. 4-5년간 매해 겨울마다 플로리다에 가서 몇 주씩 지내곤 했기 때문에 플로리다에 관해서는 아는 게 좀 있었지만, 레오 뱁 같은 사람은 듣느니 처음이었습니다(레오 뱁은 내가 그 남자를 부를 때 쓰는 가명입니다). 그가 세웠다는 그런 부류의 교회와는 한 번도 교류한 적이 없지만, 내 안에 예의 그 꿈이 시작되는 곳에서 이 교회가 불쑥 모습을 드러냈습니다.

말했다시피, 꿈은 내 것, 내 창작품이지만, 어찌 된 일인지 꿈은 멀리서 와서 내 말이 아닌 다른 무언가를 내게 말해 주기도 합니다. 레오 뱁이 확실히 그런 경우였습니다. 나는 레오 뱁 꿈을 꾸었고, 그의 이름을 생각해 냈습니다. 나는 잡지에 실린 사진과 그 밖의 몇 가지 정보를 바탕으로 그의 생김새를 그려

냈습니다. 꿈이 낮에 있었던 일을 소재로 활용하는 것처럼, 낮에 만난 어떤 사람이나 낮에 들은 어떤 일에 관해 꿈을 꾸는 것처럼, 레오 뱁이 그런 식으로 내 앞에 등장했습니다. 통통한 얼굴에 일자로 입술을 다물면 양 입가에 작은 경첩 모양의 주름이 두 개 생겨 H자형 입이 되는 엑서터 지방의 한 남자를 나는 떠올립니다. 장난기 가득한 재미있는 사람이었습니다. 그리고 텔레비전에서 본 양말대님인지 뭔지 그 비슷한 물건을 선전하던 괴이한 광고도 떠올립니다. 뚱뚱한 남자 하나가 양말과 양말대님, 그리고 속바지 차림으로 나와, 대님이 흘러내리지 않는다는 것을 보여 주려고 빙빙 돌며 춤을 춘 것으로 보아 아마 남성용 양말대님 광고였던 것 같습니다. 춤을 추는 그 남자의 한쪽 눈꺼풀이 일종의 안검하수 증상처럼 아래로 쳐졌다가 다시 치켜올라가곤 했습니다. 그러니까, 그 두 남자가 합쳐져 뱁의 얼굴이 되었습니다. 다시 말해, 나는 이런 모든 사소한 것에서 뱁이란 캐릭터를 꿈꾸었고, 내가 보았던 자잘한 조각과 파편 등에서 뱁이란 사람을 빚어냈습니다. 그리고 그 순간 뱁은 나름의 생명을 갖게 되었습니다.

내가 생각해 낸 뱁은 〈라이프〉지의 그 남자 같은 종교 협잡꾼이었습니다. 그는 어린아이들 앞에서 성기를 노출한 죄로 연방 교도소에서 5년간 복역했습니다. 그는 신학 학위증을 찍어내는 공장을 운영하면서 우편을 통해 사람들을 목사로 안수했습니다. 사람들은 돈을 보내고 그는 졸업장을 보냈습니다. 온갖 비난받을 요소는 다 갖춘 그를 한 청년이 수사하러 갔습니다. 내가 이 책을 쓸 즈음 그 청년이 알아낸 사실은, 그 비난받을 일들은 레오 뱁과 관련된 비리와 부정의 일부에 지나지 않는다는 것이었습니다. 맞습니다. 그는 종교 사기꾼이었습니다. 하지만 그는 성자이기도 했습니다. 그는 생명을 주는 사람이었습니다. 그는 사람들에게 활기를 주었습니다. 그는 좋은 친구였습니다. 뭔가 풍성하고 생생한 것으로 충만해서, 그와 함께 있으면 어쩐 일인지 좀 더 풍요로워지고 좀 더 생생해지지 않을 수 없었습니다.

그 일은 곧 내게 일어난 일이기도 했습니다. 레오 뱁이 뭔가 재미있는 방식으로 내게 생기를 불어넣은 것입니다. 작가로서 당시 나는 작품을 써서 막다른 골목 같은 곳에 쌓아놓고 있었습니다. 레오 뱁 연작 전에 쓴 소설은 《폴록으로 들어가는 길*The Entrance to Porlock*》이었는데, 이 책을 읽는 사람이 있기는 할까 싶었습니다. 설령 있어도 몇 안 될 것 같았습니다. 그 작품은 뭔가 목이 졸린 것 같은 책이었습니다. 최선을 다해서 썼고 문체에 엄청 신경 썼지만, 어쩐 일인지 그 작품은 나를 내리막 골짜기 끝으로 몰아넣었습니다. 올라갈 길은 없었고, 물속에 서서 허우적거리는 느낌이었습니다.

그런데 그때 갑자기 이 원기 왕성하고, 비뚤어지고, 거칠고, 무모하고, 활기를 불어넣는 남부 사내가 나타나 나를 소생시켰습니다. 이 사내 덕분에 난생처음으로 내 작품에 재미란 요소가 생겼고, 이 사내 덕분에 내 작품 속 인물들은 거친 말도 하고 난폭한 행동도 할 수 있었습니다. 대단한 꿈이었지요. 그리고 이 작품이 나를 살렸습니다. 정말 그랬습니다. 이 작품은 내 삶에 완전히 새 장을 열어 주었습니다. 단순히 작가로서의 삶이 아니라 한 인간으로서의 삶에 말입니다.

레오 뱁, 노출 죄로 교도소에 다녀온 그가 나에게는 하나의 상징이 되었습니다. 성기 노출 말고도 더 많은 방식으로 자기 자신을 노출했기 때문입니다. 뱁은 자신의 전체로, 악을 지닌 선인으로 경이롭게 거기 존재했습니다. 그는 그 점을 감추려 하지 않았습니다. 감출 수도 없었습니다. 그는 그저 자기 머릿속에 들어간 것을 그대로 지닌 채 등장했고, 그 점이 어쩐지 나도 그렇게 할 수 있도록 사기를 북돋아 주었습니다. 내가 자란 뉴잉글랜드 지역 사람들은 자기 자신에 관해 쉽게 말을 하지 못하는 사람들입니다. 그런데 어찌 된 일인지 그런 토양에서 자란 내게서 내 비밀을 세상에 기꺼이 드러내는 자전적 책이 나왔습니다.

또한, 내 창작품에서 너무도 많은 것을 배웠기에 어느 면에서는 내가 오히려 레오 뱁의 창작품이 되었다고 말할 수 있을 정도입니다. 무슨 말이냐면, 나 자신을 드러내는 법을 레오 뱁에게 배웠다는 뜻입니다. 물론 레오의 행동 그대로 따라 한 것은 아니라서 교도소에 간 적은 없습니다. 다만 나에 관한 진실을 독자들에게, 그리고 더 중요하게는 나 자신에게 털어놓을 수 있게 되었다는 뜻입니다. 그리고 인간의 이야기를 변주하여 들려주는 과정에서 나는 내 삶의 기반에 나 있는 균열을 발견했고, 그 균열을 통해서 보이지 않는 곳에 있는, 생명을 주는 하나님의 은혜를 얼핏 볼 수 있었습니다.

3.

진실 말하기

갈 길이 멀다

20세기는 세 가지 세상으로 이뤄졌습니다. 그중 하나는 2차 세계대전 전의 세상으로, 짐작건대 그때 살아보지 않은 사람은 그 세상이 어땠는지 상상할 수 없을 것입니다. 뭐랄까, 세상은 온통 순진했고, 그 세상에서 이 나라 미국은 어쨌든 위대한 나라, 힘 있는 부자 나라가 틀림없었습니다. 그리고 2차 세계대전이라는 세상이 있었습니다. 빛의 세력과 어둠의 세력 간에 전쟁이 있다면 2차 세계대전이 바로 그 전쟁인 것 같았습니다. 그 세상에는 모종의 희망과 모종의 순진함이 있었고, 이는 그 세상에 내가 부여할 수 있는 최고의 단어입니다. 전쟁이 끝나고 끔찍한 일이 수없이 벌어졌습니다. 냉전이 발생했습니다. 죽음처럼 차가운, 무서운, 전멸의 가능성, 원자폭탄. 이어서 베를린 장벽이 무너지고 소련이 붕괴하면서 새로운 세상이 등장했습니다. 천국에서 이 세상을 뭐라고 부르게 되든, 선善에 대한 엄청난 가능성, 관용과 분별과 환경에 관한 관심 쪽으로 노를 저어가는, 그러나 다른 한편 끔찍하고도 끔찍한 악의 가능성이 여전한 세상 말이지요. 내 생각에 미국은 사실 헤아릴 수 없이 여러 면에서 산산조각이 나고, 유럽에서는 일종의 국가주의가 생성되고 있습니다. 이 세 번째 세상, 물음표 세상이라니.

나는 2차 세계대전 전의 그 첫 번째 세상, 대공황이 진행 중이던 뉴욕시에서 태어났습니다. 외가는 돈이 많은 집안이었고, 친가도 마찬가지였습니다. 그러나 공황이 심해지면서 우리 집은 재정적으로 점점 쪼들리기 시작했습니다. 아버지는 집안 형편을 전과 다름없이 유지하려고 조금이라도 돈을 더 주는 곳을 찾아 여러 직장을 전전했습니다. 어머니는 여러 면에서 좋은 아내였던 것 같은데, 세월이 갈수록 불평불만이 늘었습니다. 어렸을 때 어머니가 "하인 한 명도 없는 집에 살게 될 줄은 꿈에도 생각 못 했어"라고 말하던 것이 기억납니다. 아버지는 어머니의 그 말에 몹시 괴로워하면서 어떻게든 출세하려고 애썼습니다. 어린 시절 내내 우리 집은 여기저기로 이사 다녔습니다. 열네 살 때쯤 기숙학교에 들어가기까지 해마다 전학을 다녔던 것 같네요. 마음 둘 곳이 없었습니다. 나에게 집은 '장소'가 아니었습니다. 세상에는 우리 집이라 할 만한 집이 없었습니다. 부모님이 곧 집이었고, 부모님이 내 삶의 유일한 상수常數였습니다. 물론 이사할 때면 부모님도 우리와 함께 움직이셨지요. 부부싸움을 하실 때도 있었습니다. 격렬한 싸움이었던 것으로 기억하지만, 무슨 일로 싸우셨는지 싸움의 본질은 생각나지 않고, 어머니의 분노와 비난만 기억납니다. 어머니는 아버지가 이런저런 직업을 가져야 하는데 그러지 못해 자기 삶이 얼마나 초라해졌는지 모른다고 아버지를 비난했고, 아버지는 자신을 방어했습니다. 두 분이 싸우는 소리가 들릴 때는 어떻게든 귀를 막는

게 문제가 아니었습니다. 어렸을 때 내 공포는, 어떤 일 때문에 두 분 사이가 잘못되어서 내가 있을 곳이 없어지면 어쩌나 하는 것이었습니다. 부모님은 내 집이었습니다. 부모님은 어떤 의미에서 유일하게 내 삶의 상수인 존재였습니다. 나는 어린 시절 일을 상당히 많이 기억하는데, 그중에서 음울한 기억은 바로 그 공포감에 관한 기억입니다.

나는 귀 기울여 듣는 사람이 되었습니다. 어렸을 때 집안에서 나는 소리에 귀를 쫑긋 세웠던 기억이 납니다. 저 소리는 화를 내는 소리인가, 아니면 그저 대화하는 소리인가? 나는 집안 분위기에 아주 예민했고, 부모님에게 무슨 일이 터지는 바람에 내가 계획한 일이 무산될까 늘 겁이 났습니다. 그래서 오늘에 이르기까지 나라는 사람의 많은 부분을 구성하는 것은 바로 어린 시절의 그 불안함, 파국, 혹은 뭔지 모를 일이 임박한 것 같은 느낌이라는 생각이 듭니다. 내년에는 어디로 이사하게 될까? 내가 사는 이 집에 어떤 일이 일어나려나?

열 살 되던 해 어느 토요일 이른 아침, 그토록 두려워하던 큰일이 터지고 말았습니다. 당시 우리는 뉴저지주 에식스 펠즈라는 작은 동네에서 살았는데, 그날 아버지는 아버지의 어머니, 그러니까 내 친할머니를 모시고 나와 함께 풋볼 경기를 보러 갈 예정이었습니다. 이날 일에 관해서는 이미 다른 책에서도 말한 적이 있지만, 어쨌든 다시 한 번 이야기하겠습니다. 토요일 아침, 동생과 나는 들떠서 잠이 깼습니다. 동생과 나 둘 중 적어도 한 사람은 풋볼 경기장에 가게 될 터였고, 그건 정말 신나는 일이었습니다. 마치 성탄절 아침, 선물 상자를 열 생각에 꼭두새벽부터 일어나는 것처럼 그렇게 우리는 잠이 깨었습니다. 아니 그날의 느낌은, 그날 하루를 선물로 받고 그 선물을 이제 막 개봉하려는 것 같은 느낌이었습니다. 잠이 깬 동생과 나는 누군가가 준 룰렛 휠을 가지고 놀았습니다. 점수가 표시된 녹색 천을 침대 위에 펼쳐 놓고, 룰렛 휠을 돌렸던 것으로 기억합니다. 얼마 후 우리 방 방문이 열렸는데, 오래전 1936년도 일이므로 문이 어떻게 열렸는지 사실상 정확히 기억이 일치할 수 없는 일인데도 동생과 나는 자꾸 그 기억을 일치시키려 애쓰는 별스러운 짓을 하곤 했습니다. 아직 새벽인데요, 아마 내가 그렇게 말했던 것 같습니다. 동생과 나의 기억이 일치하는 것은, 아버지가 어쨌든 문간에 모습을 드러냈다는 것입니다. 아버지가 무슨 말을 했는지, 무슨 행동을 했는지는 전혀 기억이 없고, 우리 방 문간에 아버지가 나타나셨다는 것만 기억납니다. 그리고 문이 닫혔고, 우리는 룰렛 게임을 계속했습니다. 얼마나 시간이 흘렀을까, 아래층에서 고함이 들렸고, 아버지가 차고에서 자살하는 일이 벌어졌습니다. 아버지는 차 시동을 걸어 놓고 배기가스를 들이마시는 방법으로 목숨을 끊었습니다. 날벼락이었습니다.

어떤 집이든 그처럼 하늘이 무너지는 것 같은 일을 한 번쯤은 겪을 것입니다. 이런 일은 가족이 우리 삶에 드리우는 그늘이며, 56년이 지났지만 지금도 여전히 그 일은 내게 그늘입니다. 나는 그 일을 연구했고, 그 일과 함께 살았고, 그 일을 주제로 글을 썼고, 그 일에 관해 생각했고, 그 일을 이야기했고, 사랑하는 사람들, 마음의 상처를 치유하고 있는 사람들에게 그 일을 털어놓았습니다. 그래도 여전히 그 일은 내 존재의 일부입니다. 단 하루도 그 일을 생각하지 않은 날이 없습니다. 그때 일은 누구에게도 절대 말하지 않는 비밀이었습니다. 그 일이 여전히 그늘인 이유는(전문용어로 말해, 수많은 역기능 가정의 사례가 그런 것처럼) 이처럼 그 일이 누구에게도 절대 말하지 않는 비밀이었기 때문입니다.

무슨 말이냐면, 아버지가 자살했다는 사실을 사람들은 잘 알고 있었지만, 우리가 이사 간 곳에서는 이 일을 절대 입 밖에 내지 않았다는 뜻입니다. 우리는 자기 자신에게도 이 일을 절대 이야기하지 않았습니다. 우리 가족의 삶에는 신앙적 차원이 전혀 없었습니다. 가족 중에 교회에 나가는 사람은 하나도 없었습니다. 외할머니는 내가 엄청나게 사랑하는 분이었는데, 뭐랄까 자유분방한 유니테리언 교도로서 가끔 한 번씩 교회에 나가셨습니다. 할머니가 이따금 교회에 나가는 걸 특별히 반대하는 사람도 없었고, 그건 그냥 별 이야깃거리도 아니었습니다. 그래서 아버지가 돌아가셨을 때 장례식조차 없었습니다. 마침표가 없었던 거지요. 아버지는 그냥 사라지셨습니다. 아버지 일을 모르는 사람들이 간혹 아버지가 어떻게 돌아가셨느냐고 묻거나 그 일이 화제에 오르면, 나는 아버지가 심장병 HEART TROUBLE 으로 돌아가셨다고 말하곤 했습니다. 틀린 말은 아니었습니다. 아버지 마음HEART에 문제가 있었고, 그래서 돌아가셨으니까요.

이렇게 아버지의 자살은 절대 우리 입에 오르내리지 않았고, 우리는 아버지의 삶에 관해서도 말하지 않았습니다. 우리는 아버지 이야기를 전혀 하지 않았습니다. 아버지가 옆에 있었을 때, 아버지가 우리와 함께 있었을 때 어땠는지도 이야기하지 않았습니다. 아버지가 우리 옆에 없어서 어떤 기분인지도 이야기하지 않았습니다. 아버지가 아예 처음부터 존재하지 않기라도 한 듯 말입니다. 일 년쯤 후, 동생 제이미 방에 앉아 있는데, 옆에 앉아 있던 동생이 도무지 곡절을 알 수 없는 눈물을 흘리는 모습을 보았던 기억이 납니다. "왜 울어?" 내가 물었지요. 무슨 일인지 짐작이 가지 않았습니다. "아빠 생각이 나서." 동생은 그렇게 대답했습니다. 아버지를 생각하며 울어 본 적이 없는 나는 동생의 말에 가슴이 쿵 했습니다. 그러나 그 당시는 동생의 눈물도 나에게서 눈물을 자아내지 못했습니다. 이렇게 표현해도 될지 모르겠지만, 어찌 된 일인지 아버지의 죽음은 일어나지 않은 일이 되었기 때문입니다.

울음은 훨씬 나중인 50년 뒤에야 찾아왔습니다.

▼ ▼ ▼

어머니에게는 그런대로 경이롭고 기묘하다 할 수 있는 지혜가 있었습니다. 아버지 사건 후 이제 해야 할 일은 어서 이곳을 벗어나는 것이라고 생각한 어머니는 너무도 어머니답게 버뮤다를 선택했습니다. 햇볕 쏟아지는 여행자들의 낙원, 멀기는 해도 아주 많이 멀지는 않은 곳이었습니다. 그렇게 해서 우리는 버뮤다로 갔습니다. 친할머니는 가족 중에서 가장 격렬하고 심한 잔소리로 어머니를 트집 잡던 분으로, 어머니의 헤픈 씀씀이를 늘 못마땅해하셨습니다. 불가사의할 만큼 어머니와 앙숙이던 할머니는 우리가 뚝 떨어진 땅으로 훌쩍 떠나는 것을 끔찍한 실수이자 더할 수 없이 우리다운 일로 여기셨습니다.

어떤 면에서는 할머니 생각이 맞았다고 봅니다. 하지만 적어도 이 일은 재미있는 방식으로 내 목숨을 구하는 일이기도 했습니다. 이 비극적 상황, 그 상황의 어둠과 비탄에서 벗어나 그토록 매혹적인 섬으로 이사했으니 말입니다. 지금까지 살아오면서 내 눈으로 본 곳 중 그곳에서 지낸 시절을 뒤돌아볼 때 다시 가 볼 수도 있겠다 싶은 곳 중 하나가 바로 버뮤다입니다. 2차 세계대전 전의 버뮤다는 참 아름다웠습니다. 상상이 갈지 모르겠지만 당시만 해도 섬에는 자동차가 없어서 말과 마차, 자전거로만 통행했고, 그 외에 햇살과 모든 것이 다 있었습니다. 그래서 슬픔을, 우리 집에서 터졌던 그 폭탄을, 아름다움이란 곧 무언가에 대한 갈망, 아름다움을 초월한 아름다움, 어떤 아름다움이든 태양의 동편과 달의 서편[*]에 있는 아름다움에 대한

---

[*] 태양의 동편과 달의 서편에 있는 사랑을 찾아 떠나는 소녀의 신비한 여정을 그린 노르웨이 민담에서 따온 표현―옮긴이.

갈망이라는 개념을 좀 더 깨끗이 잊을 수 있었습니다.

이때까지도 내 삶에는 그 어떤 의미의 신앙도 없었습니다. 교회에도 나가지 않았고, 나가고 싶은 마음도 없었고, 가족 중에 교회에 나가는 사람도 없었습니다. 그런데 무슨 이유에서인지 스냅 사진 같은 풍경 하나, 많고 많은 세월이 흐른 뒤에도 늘 내 기억을 떠나지 않는 풍경 하나가 있는데, 그것은 바로 앞에서 언급한 것처럼 종려나무 사이로 해가 저물며 대기가 짙은 황금빛으로 물들 무렵 자전거를 타고 버뮤다의 좁은 언덕길을 오르고 있을 때 로렌스 스턴 시대에서 튀어나온 듯 테가 넓고 평평한 검은색 모자에 역시 검은색 각반을 두른 잉글랜드 성공회 사제가 내 쪽으로 다가오던 풍경입니다. 그는 좁은 길을 내려왔고 나는 올라갔는데, 그 정경을 왜 줄곧 기억하게 되었는지는 나도 모르겠습니다. 하지만 그 순간은 하나의 일별一瞥, 언젠가 나에게 중요해질지도 모를 어떤 것의 그림자였습니다.

1939년 9월 세상에 폭탄 하나가 터진 그 일만 아니었다면, 우리 가족은 아마 내 유년기 내내 버뮤다에서 살았을 것입니다. 그 9월, 히틀러가 체코슬로바키아와 폴란드를 침공했습니다. 2차 세계대전이 발발했고, 우리 네 식구를 포함해 버뮤다의 외지인들은 모두 섬에서 나와야 했습니다. 독일군이 섬을 점령한 뒤 이곳을 잠수함 기지 삼아 미국 본토를 공격할 것이라는 소문이 급속히 퍼졌기 때문이었지요. 버뮤다를 빠져나온 우리는 살 곳을 찾아 본국으로 돌아왔습니다.

우리는 노스캐롤라이나주 트라이언이라는 곳에 자리를 잡았습니다. 트라이언은 노스캐롤라이나 남서쪽 구석의 작은 마을이었는데, 여기서 멀지 않은 애슈빌에 우리 외가가 약간의 땅을 소유하고 있었습니다. 외가가 거기 있다는 게 좋았던 기억이 납니다. 어떤 면에서, 어머니를 제외하고 내 유년기에서 가장 중요한 인물은 내가 나야NAYA라고 부르던 외할머니였습니다. 누구의 삶에나 성자가 있습니다. 석고상 성인이나, 도덕적 표본이나, 뭔가 숨 막힐 만큼 훌륭한 모범으로 우리 앞에 제시되는 사람을 말하는 게 아니라, 생기를 불어넣어 주는 사람, 그 사람을 알고 지내면 우리가 더욱 활기차게 된다는 의미에서의 성자 말입니다. 외할머니는 어린 시절 나의 성자 중 한 분으로, 놀랄 만큼 똑 부러지고 재치 있는 여성이었습니다. 외할머니는 곱게 말했고, 짤막짤막하게 말했으며, 문학 애호가였고, 유머 감각이 뛰어났고, 반은 프랑스-스위스계에 반은 뉴잉글랜드계 혈통이었습니다. 그렇게 우리는 그곳에서 외할머니와 가까이 살았고, 외할머니 가까이에 산다는 것이 그곳에서 누리는 한 가지 기쁨이었습니다.

그때, 버뮤다의 사제처럼 내 머릿속을 떠나지 않고 장차 있을 무언가 중요한 일을 가리킨다고 볼 수 있는 순간이 또 한 번 찾아왔습니다. 나와 내 동생, 그리고 어린 외사촌 형제 둘은 어느 날 결심했습니다. 우리는 세례를 받거나 세례명을 받은 적이 없으므로 세례를 받아야 한다고. 알다시피, 살면서 어느 단계에 이르면 짧은 바지를 벗고 긴 바지를 입게 되고, 운전면허도 따게 됩니다. 그때 나는 이제 우리가 세례받을 때가 되었다고 생각했습니다. 그래서 어찌어찌 세례를 받았습니다. 세례받으려고 누구를 찾아갔는지는 모르겠는데, 어쨌든 어떤 성공회 사제 한 분을 알게 되었습니다. 어머니와 외가 어른들은 우리들의 이 기발한 짓에 기꺼이 동조해 주셨던 것 같습니다. 노스캐롤라이나주 트라이언의 멜로즈 거리에 있는 작은 교회에서 우리 넷이 세례를 받을 때 어른들이 모두 와 주었으니 말입니다. 그 시절을 돌아보고 그 광경을 실제로 볼 수 있다면 그때의 내게 묻고 싶습니다. 왜 그런 일을 해야 한다고 생각했는지. 모르겠습니다. 하지만 그때는 그게 중요해 보였고, 그래서 행동에 옮겼습니다.

외할머니 나야에 관해 말하자면, 조부모와 손자의 관계는 부모와 자식의 관계보다 훨씬 수월하고 풍성한 경향이 있는 것 같습니다. 세대 간 거리가 어떤 식으로든 이 관계에 더 많은 여유를 허락하니까요. 조부모와 손자 사이에서는 부모 자식 관계에서처럼 지독한 실수를 저지를 가능성이 없습니다. 정확히 표현할 수는 없지만, 우리 경우에도 확실히 그랬습니다. 내 생각에 어머니가 나를 사랑하신 것은 나를 많이 필요로 하셨기 때문이라는 이유가 큽니다. 나는 어머니의 남편, 어머니의 아버지, 어머니의 고해 신부, 어머니의 적대자가 되었고, 아버지가 살아 계셨다면 아버지가 하셨을 모든 일이 나에게 맡겨졌습니다. 나는 어머니를 사랑했고 어머니를 필요로 했지만, 내가 생각하기에 어머니가 나를 사랑한 것은 있는 모습 그대로의 내가 사랑스러워서라기보다 어머니 삶의 빈 곳, 채워야 할 빈 곳 때문이었던 것 같습니다. 반면 외할머니의 삶에는 그런 빈 곳이 많지 않았습니다. 할머니는 경이로울 만큼 차분하셨습니다. 지금도 할머니 모습이 눈에 선합니다. 테라스에 앉은 할머니가 하얀색 담뱃대로 체스터필드 담배를 피우며 저 멀리 블루리지산맥을 바라보시던 모습이 지금도 눈에 보이는 듯합니다. 유럽에서 전쟁이 벌어지고 있다는 의미에서 할머니의 주변 세상은 산산이 부서지고 있었습니다. 하지만 할머니는 머리카락 한 올 흐트러지지 않았습니다. 그래서 할머니는 내 성자 중 한 분이셨습니다. 하지만 내 어머니는 아들인 나를 앞에서 이야기한 식으로 필요로 하는, 여러모로 몹시 나쁜 엄마이긴 했어도 나에게 여러 가지 훌륭한 선물을 안겨 주었습니다. 그중 하나는 세상에 나가 인맥도 쌓아야 하고 아버지뻘 사람들도 만나야 하고 무엇보다도 집에서 벗어나야 한다고 생각해 나를 기숙학교에 보내 주신 것이었습니다. 나를 떠나보내는 것이 어머니에게는 아주 힘든 일이었을 테지만, 그래도 어머니는 그렇게 했습니다.

그래서 간 학교가 뉴저지주에 있는 로렌스빌이라는 기숙학교였습니다. 나에게 아주 안성맞춤인 곳이었습니다. 정말 아버지 같은 사람들, 훌륭하고 또 간혹 무모하기도 한 사람들, 하지만 재미있고 호기심 많고 기운 넘치는 사람들로 가득해서 큰 힘이 되었기 때문이지요. 그 학교에서 처음으로 우리 집안의 비밀에 관해 이야기했습니다. 그 비밀은 나의 작은 보물, 나의 작고 음울한 보물이었습니다. 나는 이 보물을 자랑스럽게 끄집어내서 새 친구들에게 보여 주곤 했고, 그러면 어쩐 일인지 우정이 보증되었습니다.

또 한 번의 신비한 순간을 경험한 것도 로렌스빌에서였습니다. 세례받은 후 다음 단계는 견진성사라는 걸 알고 있던 것으로 봐서 성공회 교회에 관해서 알 만큼은 알았던 것 같습니다. 달력을 보고 견진성사 받을 때가 되었다고 생각했습니다. 뭔가 실제로 내 영혼에 감동이 있었다는 의미에서 모종의 신앙적 충동이 있었는지는 기억나지 않지만, 어쨌든 뭔가가 내게 말했습니다. 때가 되었다고. 그래서 학교에서 개설한 견진성사반에 출석했습니다. 드디어 때가 되었고, 뉴저지 주교인 가드너라는 멋진 사람이 로렌스빌 예배당에서 내게 견진성사를 베풀었습니다. 지금도 눈에 선한 가드너 주교는 커다란 황소 같은 남자로, 혈색이 좋고, 뭔가 중세적 분위기를 풍기는, 주교와 사형집행인 사이 어디쯤 있는 사람 같았습니다.

때가 되어 나는 프린스턴대학에 진학했습니다. 아버지가 다닌 학교였지요. 사실 집안에 돈이라고는 없었기 때문에 장학금 수혜자가 될 수 있었습니다. 우리는 그때 거의 친할머니의 호의에 의지해 살았는데, 씀씀이 헤픈 어머니를 몹시 못마땅해하신 할머니가 언제 돈줄을 끊어 우리를 무일푼으로 만들지 몰라 늘 불안했습니다. 하지만 장학금 덕분에 무사히 대학에 진학했습니다. 대학 생활은 군대에 가기 전 2년과 군대에 다녀온 후 2년으로 나뉘는데, 그 두 시기가 아주 달랐습니다.

처음 2년은 괴이한 술 파티의 연속이었습니다. 학생들은 너나 할 것 없이 징집되거나 자원입대했고, 그래서 진지하게 공부에 임하는 학생이 하나도 없었습니다. 열심히 공부해 봤자 오래 살아서 공부한 덕을 보게 될지 어떨지 아무도 모르는, 참 기이한 시기였습니다. 그때 뭔가를 배웠다고 기억할 만한 게 아무것도 없습니다. 하루라도 과음하고 토하지 않고 멀쩡히 밤을 보내면 그 밤은 아깝게 허비한 밤이었습니다. 그러다 육군에 입대해서 미국 내 몇 곳을 돌아다니며 아주 평범하게 2년을 복무했습니다. 그리고 버지니아주에 있는 피킷 기지 통계국 주임으로 군 복무를 마쳤습니다. 내가 통계에 관해 아는 것이라고는 달의 뒷면에 관해 아는 것만큼이나 미미했습니다. 제대 후, 친구들 대다수와 마찬가지로 입대 전과는 좀 다른 태도로 프린스턴에 돌아왔습니다. 술 취해 토하는 것도 할 만큼 했고, 군대에서 벗어나 다시 민간인 복장을 할 수 있다는 것이 너무 신나서 공부도 확실히 했고 수업에도 흥미를 느꼈습니다.

이제는 망각 속에 묻힌 그 당시의 다른 많은 장면 중 유독 지금까지 기억나는 한 가지 중요한 장면이 있습니다. 어느 날 사람들과 어울려 나소 바에서 맥주를 마시고 있었습니다. 술집 안에 있던 잘 모르는 청년 하나가 그리스도의 이름을 들먹이는데, 그게 얼마나 외설스럽고 신성모독적인지, 놀라서 하마터면 앉아 있던 의자에서 떨어질 뻔했습니다. 나는 '다른 데로 가서 방금 들은 이야기를 귀에서 다 털어내야겠다'고 생각했습니다. 그 청년에게 뭐라고 말을 하지는 않았습니다. 그냥 나 혼자 섬뜩해했을 뿐입니다. 새벽 한 시쯤 자전거에 올라타면서, 교회에 가야겠다고, 그냥 예배당에 가야겠다고 생각했던 것이 기억납니다. 그렇게 해서 근처 교회를 찾아갔는데, 공교롭게도 가는 곳마다 문이 잠겨 있었습니다. 나소가街 아래쪽 교회 역시 잠겨 있었습니다. 그런데 예배당 한편에 돌난간이 있기에 그리로 기어 올라가 창문 안쪽을 들여다보았더니 강대상 쪽에 불이 켜져 있었습니다. 정말 위로가 되는 광경이었습니다. 창문으로 얼핏 본 중요한 순간. 인생에 관해 비유로 이야기하자면 바로 그것이었습니다. 절박한 심정으로 교회를 찾았는데 교회란 교회는 다 잠겨 있습니다. 그런데 창문이 하나 있고, 나는 그 창문으로 안을 들여다본 것입니다.

마침내 학교를 졸업하고 모교 로렌스빌 기숙학교에서 영어 교사 자리를 얻었습니다. 굉장한 일이었지요. 그런데 그 시기의 어느 시점에 나는 역시 정확히 기억나지 않는 어떤 이유로 스스로 불결하고 불안정하게 느껴져 어찌할 바를 몰라 했습니다. 어떤 사람이 그런 나를 보고 뉴욕주 허드슨강 연안에 있는 성십자가수도회라는 수도원을 알려 주었습니다. 듣자 하니 그곳에는 지혜롭고 경건한, 훌륭한 사제가 한 분 있는데, 그 사람을 만나

보면 도움이 될 거라고 했습니다. 그래서 그 수도원을 찾아갔습니다. 하지만 만나려던 사제가 하필 그때 특별 침묵 서원을 한 터여서 말을 걸어 볼 수도, 심지어 만나 볼 수도 없었습니다. 그때 심정은 자물쇠가 굳게 채워진 교회당을 볼 때와 비슷했습니다. 그 수도원에는 나 같은 손님을 상대하는 늙은 수도사가 있었는데, 그 수도사마저도 하필 그때 뇌졸중에 걸린 상태라 무슨 말을 하는지 제대로 알아들을 수가 없었습니다. 다시 비유 이야기를 해 볼까요! 생각해 보면 내가 그 수도원에서 얻은 것은 원래 내가 얻으려던 것, 즉 내 의문에 대한 해답이 아니었습니다. 대신 나는 침묵을 발견했고, 그게 어떤 면에서 훨씬 더 나았습니다. 내 의문이 무엇이었든 그에 대한 해답을 얻었다면, 나는 아마 그 해답을 준 사람들의 이름과 함께 그것을 얼마 안 가 까맣게 잊고 말았을 테니까요.

▼ ▼ ▼

말. 뉘라서 말을 야유하겠습니까? "나 같은 사람에게 왜 이런 끔찍한 일이 일어납니까? 내 자식들이 죽고 내 가축들을 빼앗기다니요?"라고 묻는 욥처럼. 하나님께서 "욥아, 자, 내가 말해 주마. 이런 일이 왜 일어났느냐면…" 하고 말씀하셨다고 가정해 보십시오. 어떻게 되겠습니까? 욥에게 도움이 되었을까요? 당연히 아닐 것입니다. 욥에게 필요한 건 그가 이미 받은 것, 즉 하나님 자체를 보는 것이었습니다. "내가 주께 대하여 귀로 듣기만 하였사오나 이제는 눈으로 주를 뵈옵나이다." 욥 42:5 그것은 말이 동원되지 않은 해답이었습니다. 수도원에서 일이 기묘하게 꼬이는 바람에 나는 본래 원하던 답을 얻지는 못했습니다. 대신 침묵을, 신비에 대한 인식을, 거룩함에 대한 인식을 얻었습니다. 아무도 내게 말해 주지 않았고, 하다못해 뇌졸중에 걸린 신부를 찾아갔을 때 그가 내게 해 줄 수 있는 말도 "지금 규칙적으로 교회에 나가십니까? 고해하세요?"라고 묻는 것뿐이었습니다. 나는 "아니요"라고 대답했습니다. 신부는 "지금 고해하시겠습니까?"라고 묻더군요. 나는 그래야 할 것 같다고 대답했고, 생각나는 대로 몇 가지 사소한 죄를 고백했습니다. 그랬더니 신부가 말했습니다. "자, 알다시피 당신은 갈 길이 멀어요." 그의 말이 맞았고, 지금도 여전히 그렇습니다. 하지만 나는 그 말을 기억합니다. "당신은 갈 길이 멀어요."

거룩한 순간들

그 후 나는 로렌스빌을 떠나 옛집인 뉴욕 74번가의 작은 아파트로 돌아왔습니다. 전업 작가가 되기 위해서였지요. 그 아파트는 오랫동안 우리 가족과 함께해 온 집이었습니다. 1946년에 어머니가 처음 이 집을 매입한 뒤로 쭉 우리 소유였습니다. 어쨌든 나는 그 집으로 왔습니다. 그런데 단 한 자도 글을 쓸 수 없었습니다. 제일 하고 싶은 일을 할 수 있는 시간이 얼마든지 주어졌는데도 그 일을 할 수 없었습니다. 한 여자를 사랑하게 되었고, 사랑은 시간이 드는 일이기 때문이었습니다. 뭐랄까, 나는 글 한 줄 쓰지 못한 채 뉴욕을 어슬렁대며 허우적거렸습니다. 그때 요행히 아파트에서 한 블록 떨어진 곳에 메디슨애비뉴장로교회라는 교회가 있었습니다. 생각해 보니 설교를 아주 잘하는 사람만 그 교회 목사가 될 수 있다는 말을 들은 것 같았습니다. 조지 아서 버트릭이라는 사람이었습니다. 혼자였던 데다 작품은 진도가 안 나가고, 게다가 나를 사랑하지 않는 여자를 사랑하고 있던 나는 달리 할 일도 없었고, 뭘 하든 그냥 시간을 보내려는 것 말고는 다른 진지한 동기를 가질 수 없었습니다. 일요일에 뭔가를 하기는 해야겠는데, 교회에 가는 건 돈도 별로 안 들고 그다지 노력이 필요한 일도 아니었습니다.

그래서 나는 버트릭의 설교를 들으러 다니기 시작했습니다. 버트릭은 청중을 매혹하는 설교자로 아주 인상적이었습니다. 메시지를 강매하는 속칭 일류 설교자들과는 반대로, 버트릭의 목소리는 유쾌하고 걸걸한, 오트밀 같은 목소리로, 스코틀랜드식 억양이 약간 배어 있었습니다. 설교할 때 얼굴 근육은 실룩거렸고, 안경은 번쩍거렸습니다. 그리고 강단 위를 어색하게 왔다 갔다 했습니다. 어디로 가려는지 도무지 알 수 없었습니다. 버트릭은 첫째, 둘째, 셋째 식의 설교를 하지 않았습니다. 아무리 들어봐도 설교의 요점이 3개인지 6개인지 2개인지 알 수 없을 겁니다. 하지만 그는 설교를 아주, 아주 세심하게 준비했습니다. 설교문 한 편을 쓰는 데 시간이 어느 정도나 걸리는지 이야기했던 것이 기억납니다. 하지만 설교를 들을 때는 그렇게 고심했다는 느낌이 없었습니다. 설교는 그의 입에서 마치 물 흐르듯 흘러나왔습니다. 발음도 또박또박했습니다. 그는 박식하기도 했습니다. 버트릭은 매혹적이었고, 나는 매혹당했습니다. 한 주일 또 한 주일, 나는 그 사람의 설교를 들으러 갔고, 여러 면에서 그에게 압도당했습니다.

그러던 중 특별한 주일이 찾아왔습니다. 다른 모든 사건과 마찬가지로 이날 일도 다른 책에서 여러 번 언급했지만, 여기서 또 한 번 이야기해야겠네요. 1953년, 엘리자베스가 여왕이 되던 해였고, 버트릭도 아마 그 일을 기본 주제로 삼았던 것 같습니다. 그는 웨스트민스터 사원에서 거행된 대관식을 언급하면서 이렇게 말했습니다. "사탄은 예수에게 말했습니다. '이것, 저것을 하기만 하면 지상의 모든 나라가 다 네 것이 될 거야.' 물론 예수는 이때 사탄에게서 왕관을 제안받은 것이었지요." 엘리자베스와 달리 예수께서는 그 왕관을 거절했다고 그는 말했습니다. 이어서 그가 "그런데…"라고 말을 잇기 전까지는 여느 설교와 다를 게 없어 보였습니다. "사탄이 제안하는 왕관을 거절했지만, 그런데도 예수는 그를 믿는 사람들 마음속에서 왕관을 받고 또 받았습니다." 사실, 이야기가 여기 이를 때까지도 의외의 설교라고 여길 만한 부분은 별로 없어 보였습니다. 하지만 버트릭은 이렇게 설교를 이어갔습니다. "예수는 자기를 믿는 사람들의 고백과 눈물과 큰 웃음 가운데 그들 마음속에서 거듭 왕관을 받으십니다." '큰 웃음'이라는 표현이 나왔을 때, 예수께서 죄 고백과 눈물과 큰 웃음 가운데 왕위에 오르신다고 했을 때, 내 안에 있던 어떤 벽이 무너져 내렸습니다. 그저 당혹스러웠던 기억이 납니다. 두 눈에서 눈물이 솟던 것이 기억납니다. 그리스도의 즉위식에서 웃는 큰 웃음이라니.

생각건대, 그날부터 오늘에 이르기까지 그 웃음이 도대체 어떤 웃음인지 제대로 알았던 적이 없는 것 같습니다. 아마도 쉽사리 믿기지 않는다는 뜻의 웃음일 것 같습니다. 사실일 거야, 사실일지도 몰라, 그분은 우리가 생각하는 그분일지 몰라, 하는. 아이가 생길 거라는 말을 듣고 아브라함과 사라가 터뜨린 웃음 같은 그런 웃음. 창세기 기록을 보면 두 사람은 배꼽이

빠질 정도로 웃었습니다. 사실일지도 몰라, 너무 좋아서 도저히 사실이라고 생각할 수 없는 것일지 몰라, 안도와 안심의 웃음을 안겨 주는 그런 사실. 그렇습니다. 그건 사실입니다. 그리고 그것이 얼마나 큰 변화를 초래하는지.

버트릭의 설교에 얼마나 감격했던지 집에 가서 친할머니와 점심을 먹으면서 그 이야기를 했던 기억이 납니다. 독일계인 할머니에게는 1848년 유럽에서 벌어진 소규모 연쇄 혁명 후 미국으로 건너와 브루클린에 정착한 자유사상가들과 무신론자들의 피가 흐르고 있었습니다. "이런 신기한 일이 생겼어요. 전 이제 뭔가를 해야겠어요. 교회에 등록할 거예요." 내 말에 할머니가 좀 어리둥절해하시던 모습이 눈에 선합니다. "그래, 네가 좋다니 나도 좋구나. 그렇지, 교회에 가면 뭔가 있을지도 몰라."

그 설교는 나에게 너무 많은 의미가 있었기에 뭔가를 해야 했습니다. 그냥 받아들이는 것만으로는 충분치 않았고, 어떻게든 화답해야 했습니다. 설교를 듣고 얼마 만이었는지는 모르겠으나, 어쨌든 버트릭 박사의 사무실을 찾아가 마음을 털어놓았습니다. "제가 그리스도에 관해 아무것도 모르니까 신학교에 가야 하지 않을까 싶습니다. 사실 한 번도 성경을 읽어 본 적이 없어요." 버트릭이 무슨 말을 했는지 잘 생각이 안 나지만, 이런 말을 했던 것은 기억납니다. "그렇고 그런 설교자 하나를 만들어 내려고 훌륭한 소설가 하나를 잃는 건 유감스러운 일일 겁니다. 꼭 신학교에 가야 하는 건 아니잖아요. 더 많이 알고 싶다면 교회에 나오시면 됩니다. 새신자반에도 나오고, 성경도 읽고, 그렇게 하시면 되지요."

하지만 나는 아무래도 그것만으로는 충분치 않은 것 같다고 말했습니다. 나에게 일어난 일이 그토록 극적이었으므로 뭔가 그보다는 좀 더 극적인 일을 해야 했던 거지요. 내가 그렇게 고집을 부렸더니 버트릭은 말했습니다. "좋아요. 정 그러시다면 같이 나갑시다." 버트릭은 모자를 찾아 쓴 뒤 작은 차에 나를 태웠습니다. 이 교회는 교역자와 간사도 여러 명이고 교회에서 하는 온갖 요란한 행사도 많은 뉴욕의 분주한 대형 교회였습니다. 그런 교회의 목사 버트릭이 자기 차를 손수 운전해 매디슨가와 5번가를 쭉 따라 올라가, 공원 들머리에서 회전해 120번가로 들어가더니 브로드웨이에 자리한 유니언신학교로 들어갔습니다. 그리고는 나를 존 녹스인가 하는 사람에게 소개했는데, 아마 학장쯤 되는 사람이었던 것 같습니다. 그렇게 해서 나는 그 학교에 다니기로 했지요. 내게는 큰 선물이었습니다.

이제 우리 삶의 성자에 관해 이야기해 보지요. 나는 사실 한 인간으로서의 버트릭에 관해서는 잘 알지 못합니다. 그러나 그저 몇 번 만났을 뿐인데도 나에게 그는 '생명을 주는 사람'이었습니다. 설교자로서나 놀라울 만큼 친절한 사람으로서나 버트릭에 관해 내가 할 수 있는 말은 그것뿐입니다. 한번 상상해 보세요. 어느 날 바보 청년 하나가 찾아와 "제가 신학교에 가고 싶은 것 같아요"라고 하고, 꼭 그렇게 할 필요는 없다고 처음에는 설득하던 그가 결국 "좋아요. 내가 학교까지 태워다 드리죠"라고 말하는 광경을. 신학교에 간 것은 내 인생에서 아주 중요한 행동으로 손꼽힙니다. 프린스턴에서 내가 받은 교육은(무슨 교육을 받기나 했다면) 순전히 되는 대로 식의 교육이었습니다. 프린스턴에서의 수업은 대형 뷔페 식사 같았습니다. '미국 소설에 나타난 사랑과 죽음', '문화인류학' 같이 거창한 제목의 강의들이 있었기에 나는 이 강의도 조금, 저 강의도 조금 들었지요. 그러나 그저 그런 것들의 어감이 좋았을 뿐 많은 것을 배우지는 못했습니다. 그런데 유니언신학교에서는 뭔가를 마구 배우고 싶은 마음이 들었습니다. 그때는 그리스도를 상대로 마음에 불이 붙어 있었기 때문이지요. 그렇게밖에 표현할 수가 없네요. 어느 정도였느냐면, 읽고 있는 책에 그리스도라는 이름이 나오면 마치 사랑하는 사람의 얼굴을 보는 것 같았고, 그래서 심장 박동이 빨라지곤 했습니다. 나는 그분에 관해 더 많은 것을 알아야 했습니다. 그래서 유니언신학교에 갔고, 당시는 유니언신학교의 황금기였기에 공부할 곳으로 그보다 더 좋은 선택은 없었습니다. 폴 틸리히가 거기 있었고, 라인홀드 니버가 있었고, 그 정도로 유명하지는 않더라도 다른 많은 사람이 있었습니다. 제임스 뮬런버그 같은 사람은 또 한 명의 내 성자로서, 엄청난 능력을 지닌 구약학 교수였습니다. 그 사람 자체가 구약성경이었지요. 그는 탁월한 드라마를 연기하곤 했습니다. 그가 유니언신학교의 거대한 강의실에 서 있으면 그의 강의를 들으려고 길

거리에서 사람들이 그야말로 물밀 듯 밀려들었고, 그러면 그는 "예히Yehi!" 혹은 "빛이 있으라" 했더니 빛이 있었다면서 하나님의 창조를 설명했습니다. 이렇게밖에 설명할 수 없습니다. 그러면 모든 사람의 얼굴이 환해졌습니다. 어찌 된 일인지 그가 그렇게 만든 거지요.

나에게 유니언신학교는 상상도 못 할 만큼 흥미진진한 곳이었습니다. 나는 학교가 좋았습니다. 앞으로 무슨 일을 하게 될지를 당연히 여기며 3년 동안 학교에 다녔습니다. 신학교에 다닌 사람들이 하는 일은 목사가 되어 목회하는 것이었으니까요. 마음의 준비는 했지만, 목회라는 것은 내가 그다지 잘하지 못하는 여러 가지 무시무시한 일을 해야 한다는 의미라는 것 또한 알고 있었습니다. 나는 버트릭의 교회에 잠깐 다닌 것 말고는 어느 교회 교인이었던 적이 없었습니다. 교회를 어떻게 운영하는지도 모릅니다. 교회에서 어떤 일이 벌어지는지도 알지 못합니다. 교회 예산에 관해서도 모르고, 교회 안의 각종 기관에 관해서도 모르고, 나는 교회에서 아무 쓸모가 없을 터였습니다. 하지만, 그게 바로 신학교를 졸업하면 하는 일이었습니다. 나도 예외가 아닐 터였지요. 나로서는 참으로 다행인 일이 또 한 번 일어나지 않았더라면 말입니다. 어느 날 필립스 엑서터 아카데미라는 곳에서 어떤 사람이 편지를 보내왔습니다. 지금은 남녀공학이지만 당시 남학생만 다니던 뉴햄프셔주의 이 학교에서 새로 개설될 종교 과목 교사를 구하고 있다고 했습니다. 이 사람은 내가 곧 안수를 받을 예정임을 알고 있었고, 전에 로렌스빌에서 학생들을 가르치다가 마음이 바뀌었다는 것도 알고 있었습니다. 그는 "선생님께 최적의 일자리 아닐까요?"라고 말했고, 나는 아마도 그의 말이 옳으리라 판단했습니다.

그래서 이번에는 엑서터로 이사했습니다. 그리고 이사 직전 지금의 아내 주디와 결혼했다는 말을 빼먹으면 안 되겠지요. 유니언신학교에 다닐 때 뉴욕에서 살던 우리는 1958년 엑서터로 이사했습니다.

▼ ▼ ▼

1950년대와 1960년대는 미국 역사에서, 특히 미국 젊은이들 역사에서 몹시 떠들썩한 시대였습니다. 베트남 전쟁에 대한 항의가 거셌고, 시민권 쟁취를 위한 대규모 시위가 이어졌고, 대학 캠퍼스에서도 대규모 연좌시위가 있었습니다. 엑서터는 아주 경쟁률이 높고 입학하기 어려운 학교여서인지 그곳 학생들은 상상 이상으로 똑똑했습니다. 그 나이 때 나보다 훨씬 똑똑했습니다. 그 나이 때 우리는 이런저런 지식으로 머리를 혼란스럽게 하지 않아도 되었고, 딱 알아야 할 것들만 알고 살았습니다. 그런데 이 시대 젊은이들은 국가를 증오했고, 베트남 전쟁을 증오했고, 부모를 증오했고, 학교를 몹시 증오했습니다. 그리고 특히 종교를 증오했습니다. 다른 모든 사람이 종교가 자신에게 얼마나 좋은지 모른다고 말하고 있었기 때문이지요. 그리고 당시 엑서터에는 학내 교회든 자기가 선택한 다른 교회든 재학생은 모두 교회에 출석해야 한다는 규칙이 있었습니다. 하지만 이런 식으로는 메시지를 잘 받아들이는 회중이 생겨날 수가 없습니다. 학생들은 자기 의지에 반해 교회에 나와야 했고, 이렇게 자기 자유가 침해되는 것을 달가워하지 않았습니다. 아이들의 생각이 옳았어요. 이는 분명 자유 침해였습니다. 하지만 이 규칙이 나에게는 유리했습니다. 내가 그 학교에 간 것은 새로 개설되는 종교 과목 수업을 위해서였는데, 이 수업 역시 수학, 영어, 과학과 마찬가지로 과제도 많고 엄격하고 학구적이고 고상한 수업이었기 때문입니다.

일종의 반신앙 정서가 사실상 내게 유리하게 작용한 것은, 아이들이 나를 망치려 하기는 했으나 내가 싫어서가 아니라 내가 교회의 대표였기 때문에, 세속적이기 그지없는 그 학교에서 유일하게 교회를 대표하는 사람이었기 때문입니다. 나를 망치기 위해 아이들이 쓸 수 있는 유일한 방법은 내 수업을, 그것도 선택과목인 내 수업을 듣는 것이었습니다. 아이들의 파괴적 의도가 아니었다면, 교회를 소중히 여기고, 나쁜 짓도 할 줄 모르는, 착하고 어린 샌님들, 포소▾들만 내 수업에 들어왔다면, 그게 오히려 모든 걸 망쳤을 것입니다. 만약에 그랬다면, 교직원을 비롯한 모든 사람의 음울하기 그지없는 예측, 내 수업이 그저

▸ 엑서터에서 통용되던 은어로 포소POSSO는 거의 모든 일에 긍정적인 사람을, 네고NEGO는 그 학교에 수없이 많던, 모든 일에 부정적인 사람을 말한다.

교리를 묻고 가르치는 교리 문답 수업이 되지 않을까 했던 그 막연한 느낌을 확인시켜 주는 셈이었을 것입니다.

그러나 포소들이 아니라 교내에서 삐딱하기로 둘째가라면 서러워할 아이들이 대거 몰려와서 내 수업을 들었습니다. 학칙 때문에 하는 수 없이 교회에 나가야 하는 바로 그 아이들이었습니다. 두려웠지만, 이것이 내 나름의 목회를 시작하는 하나의 경이로운 방식이 될 수 있었던 것은, 이 아이들이 너무도 똑똑하고 예리해서 설교자들이 늘 그러는 것처럼 허튼소리만 늘어놓으며 대충 시간을 보내서는 도저히 버틸 수 없었기 때문입니다. 감상적이어도 안 되고, 애매해도 안 되고, 비논리적이어도 안 되고, 시의성이 없어도 안 되었습니다. 이 '전갈' 같은 녀석들이 호시탐탐 나를 닦아세울 기회를 엿보고 있었으니까요. 늘 그런 식은 아니었지만, 늘 그런 태도인 아이들이 많았습니다. 진리로 들리는 말을 가능한 한 엄청 많이 해야 했습니다. 그것이 신앙 문제에 관해 나 스스로 진리로 여기는 내용이기만 하다면 말이지요. 그건 참 멋진 일이었습니다.

이는 교실뿐만 아니라 특히 교회에도 해당하는 일입니다. 내가 설교할 때나 외부에서 초청한 여러 다른 교파 설교자가 설교할 때 가끔 아이들의 얼굴을 찬찬히 뜯어보면, 아이들이 자기도 모르게 경청하는 것을, 듣지 않을 도리가 없다는 것을 알 수 있었습니다. 아이들은 설교 내용을 전혀 믿지 않더라도 적어도 듣기는 했습니다. 의무적 교회 출석을 지지하는 관점에서 한 가지 주장을 하자면(다른 모든 의미에서는 아이들의 입장에 동의합니다. 누군가를 억지로 교회에 가게 만드는 것은 자유를 침해하는 행위이지요), 이런 아이들에게서 어떤 가능성도 찾을 수 없을 것으로 생각하느니, 마지못해 교회에 나와 앉아 있는 그 작은 과녁들을 나라면 한 번쯤은 겨냥해 보리라는 것입니다. 어쩌면 뭔가가 그 과녁을 뚫을 수도 있습니다. 비록 그 아이들이 자기 뜻에 반해 거기 나와 앉아 있고, 그렇게 앉아 있는 걸 무척 못마땅해한다 해도 말입니다. 어쩌면 뭔가가 과녁을 뚫을지도 모릅니다. 무엇이 뚫을 수 있을지, 무엇이 뚫지 못할지는 아무도 모릅니다.

학생 중에 존 어빙이라는 아이가 있었는데, 존은 훗날 작가가 되어 《오웬 미니를 위한 기도 A PRAYER FOR OWEN MEANY》를 비롯해 여러 작품을 썼습니다. 《오웬 미니를 위한 기도》 앞부분에는 존이 이런저런 이유로 감사를 표하고 싶은 사람들에게 전하는 짤막한 인사말이 있는데, 거기에 나도 포함되어 있습니다. 존이 바로 이 신비를 대표하는 인물입니다. 그렇게 억지로 나와 앉아 있는 설교 시간에 무엇이 자신을 뚫고 들어왔는지를 말할 수 있는. 존은 내 수업 두어 과목을 듣는 학생이었습니다. 그를 기억은 하지만 잘 알지는 못했습니다. 여드름투성이에 수줍음을 타는 작은 아이였고, 교직원의 자녀였습니다. 아버지가 교직원인 학교에 다니는 것은 힘든 일입니다. 존은 말수가 적었습니다. 존이 아는 사람 중에 책을 한 권이라도 써 본 사람은 내가 유일했던 것으로 기억합니다. 그래서 존은 자기가 쓴 짤막한 글을 내게 가져와 보여 주었는데, 무슨 내용이었는지는 전혀 기억이 안 납니다. 그러나 어쨌든 그로부터 30년 또는 40년이 지나 존은 이 일에 관해 내게 감사를 표해야 한다고 느꼈던 것 같습니다.

그렇게 무언가가 뚫고 들어갔습니다. 이 일을 떠올리면, 살아오면서 좋든 나쁘든 내가 엄청난 영향력을 끼쳤던 사람들에 관해 잠시 생각해 보게 됩니다. 그건 겁나는 일입니다. 내가 말한 것 혹은 말하지 않은 것, 내가 행한 것 혹은 행하지 못한 것, 이런 것들 때문에 모든 게 달라지니까요.

이 시기에 그런 신적神的인 순간이 저에게 또 한 번 생겼습니다. 신적인 순간, 나에게 말씀하시는 분이 하나님이심을 너무 확신하고 싶지는 않은, 혹은 그분이 내게 하신 말씀을 정식으로 인정하고 싶지 않은 순간. 왜냐하면, 그건 늘 하나의 신비니까요. 안 그렇습니까? 어찌 되었든, 저는 애그니스 샌퍼드라는 여성에게 이끌려 어떤 학회에 참석하게 되었는데, 한 성공회 사제가 귀띔해 주길 샌퍼드는 아주 주목할 만한 분이라고 하더군요. 그 사제는 "진짜 신유의 은사를 지닌 뭐 그런 사람이 있다면, 그분이 바로 그런 사람입니다. 그분 집회는 꼭 한번 가 보셔야 합니다"라고 했습니다. 그래서 갔지요. 그분은 진짜였습니다. 의심의 여지가 없었지요. 샌퍼드가 무슨 말을 하든 그냥 한번 보기만 하면 알 수 있습니다. 그분은 자기가 진실이라고 생각하는 말을, 적어도 직접 겪어 본 바에 따를 때 진실이라고 여겨지는 말을 하기 때문이지요.

샌퍼드는 기도에 관해 말했는데, 저는 기도에 관해 그런 식으로 말하는 사람은 한 번도 본 적이 없었습니다. 이렇게 말하더군요. "특히 목회자들이 기도를 못하는 이유는 두루뭉술하게 구하는 것 말고는 사실상 아무것도 구하지 않기 때문입니다. 이 모임에 복 주시고 저 모임에 복 주시고 이러이러한 일에 감사하고 등등. 구한 걸 받지 못할까 봐, 그러면 어쩐지 자기 믿음이 흔들리고 교인들의 믿음이 흔들릴까 무서워서 이들은 뭘 구하기를 늘 두려워합니다. 그래서 늘 지루하고 형식적인 기도만 하는 거지요." 그리고 자신은 손이 등 뒤로 묶인 예수의 환상을 본다고 했습니다. 아무도 감히 예수께 뭔가를 해 달라고 요청하지 않으니 예수께서도 뭔가를 할 수 없는 거지요. 샌퍼드는 또 이렇게 말했습니다. "어서 뭔가를 구하세요. 치유를 구하시고 병 낫기를 구하세요. '그런 일은 일어나지 않을 거라든가, 하나님이 그런 기도는 듣지 않으실 거라든가, 어떻게 하나님의 마음을 바꿔 놓을 생각을 하느냐'고 하는 내면의 작은 소리에 신경 쓰지 마세요. 그 작은 소리는 걱정하지 마세요. 물론, 그 작은 목소리가 들리기는 할 겁니다. 수백 년에 걸친 회의주의, 의심, 그 밖의 모든 것의 산물이니까요. 그냥 기도와 함께 떠내려 보내고, 기적을 구하는 기도를 하세요."

샌퍼드는 몸을 고쳐 주는 사람으로서 큰 성공을 거두었을 뿐만 아니라 연륜이 쌓이면서 자칭 기억을 치유하는 사람으로서도 성공을 거두었습니다. 샌퍼드는 이상하게도 블라바츠키 여사* 부류와는 달랐습니다. 무시무시한 구석이 전혀 없었습니다. 구슬 달린 숄을 걸치지도 않았고 수정 구슬을 갖고 있지도 않았습니다. 작고 오동통한 얼굴의 자그마한 여인일 뿐이었습니다. 브리지 클럽 같은 걸 운영하면 딱 어울릴 법했습니다. 샌퍼드는 누구든 자기를 찾아오는 사람은 치유될 수 있다고 했습니다. 누구든 환영한다고 했습니다. 그래서 저도 제 기억 치유를 위해 샌퍼드를 찾아갔고, 제 아버지 일 등을 털어놓았습니다. 샌퍼드가 나를 위해 해 준 일은, 대화를 나누듯, 꾸밈없는 말투로, 기도 같지 않은 방식으로 기도해 주는 것이었는데, 기도하면서 다음과 같은 심상心象에 관해 이야기했습니다. 어떤 사람을 위해 기도하는데, 방과 복도가 딸린 집이 있고, 어떤 방은 수년째 한 번도 열리지 않은 채 어둠만 가득 차 있다고 했습니다. 샌퍼드는 예수를 그 방으로 초청하면서 이렇게 말했습니다. "이제 방문을 열어 신선한 공기를 들여 주시고, 그 방에 복을 주시고, 그 방을 깨끗하게 해 주시고, 다시 사람이 살 만한 곳으로 만들어 주세요." 샌퍼드는 나를 위해 이런 기도를 해 주었습니다. 그 순간은 저에게 아주 강력한 순간이었는데, 구체적으로 샌퍼드가 구한 것, 즉 내 치유의 관점에서만 그런 게 아니라 기도가 아주 현실적이었다는 점에서 그랬습니다. 내게 필요하

▶ 헬레나 블라바츠키, 러시아의 심령술사 겸 작가—옮긴이.

거나 부족한 뭔가를 그냥 하나님께 아뢰는 게 아니라 이 특별한 힘 앞에 나를 열어 보이고 그 힘의 역사가 나를 통해 다른 이들의 삶에까지 들어가게 하는 기도였지요. 엄청난 순간이었습니다. 나를 찾아와 도움을 구하는 사람들을 위해 난생처음으로 감히 기도할 수 있었습니다. 샌퍼드가 늘 하던 것처럼, 그리고 예수께서 샌퍼드 앞에서 하시던 것처럼, 그 사람의 머리에 손을 얹고 치유를 구하는 기도를 한 겁니다.

▾ ▾ ▾

엑서터를 떠나온 것은 내가 그곳 생활을 너무 즐기고 있다는 아주 프로테스탄트적인 이유에서였습니다. 우리는 엑서터에서 9년가량 있었고, 모든 게 다 좋았습니다. 나는 내가 잘하는 일을 했고, 그래서 모두가 다 흡족해하며 찬사를 보냈고, 좋은 친구도 많이 사귀었습니다. 하지만 다른 무엇보다도 바로 이것이 그곳을 떠난 여러 이유 중 하다못해 한 가지 이유는 될 것입니다. (이 지점이 바로 여러분이 이건 내 이야기 아닌가 생각하는 지점입니다. 확신컨대 다른 많은 이유가 있었을 것입니다.) 즉, 만사가 다 순조로웠던 탓에, 그곳에 머무는 한은 앞으로 뭔가를 다르게, 더 바람직하게, 혹은 더 지혜롭게 해 볼 만한 이유가 전혀 없을 것이라는 생각이었습니다. 그래서 삶의 터전을 옮겨 뭔가 색다르고 더 바람직한 일을 시도해 보는 게 좋겠다고 생각한 겁니다.

물론 글 쓰는 일로 다시 돌아가고 싶다는 엄청난 갈망도 있었습니다. 엑서터에서는 어쩔 수 없이 그 일을 접어 두어야 했으니까요. 엑서터에 있는 동안 《최후의 야수 THE FINAL BEAST》라는 소설을 하나 썼는데, 그냥 하나의 소설일 뿐이었습니다. 아마 네 번째 작품이 아니었나 싶습니다. 그래서 생각했지요. '작가로서 내 손을 다시 한 번 시험해 보고 싶다'고.

이렇게 해서 많은, 많은 아쉬움을 뒤로 하고 엑서터를 떠나 버몬트로 왔습니다. 그리고 사실상 그 후 쭉 거기 살고 있습니다. 버몬트로 이사 온 첫해, 책을 한 권 써 보려고 필사적으로 애썼습니다. 책을 쓴다는 건 언제나 필사적인 일이지만, 특히 더 필사적일 수밖에 없었던 이유는, 좋아하던 직장을 그만둔 것을 정당화할 뭔가를 해야 했고, 사람들이 '전에 그 비크너는 지금 거기서 뭘 한대? 뭘 하기는 할 거래?'라고 생각하고 있어서였지요. 그해는 마틴 루터 킹 2세가 암살당하고, 또 얼마 지나지 않아 로버트 케네디가 암살당한 해였습니다. 나는 뭔가 이 세상에 정말 필요 없는 게 있다면, 그건 바로 또 한 권의 멍청한 책이라고 생각했습니다. 나는 목사입니다. 뭔가 의미 있는 일을 해야 하는 사람입니다. 그런데 그러지 못해 심신이 거의 무너져 내린 나는 온갖 이상한 의심과 두려움과 우울증을 안고 살게 되었습니다. 나는 갑자기 세상에서 소외되었습니다. 아내와 아이들 말고는 내 삶에 활력을 주는 사람이 별로 없었습니다만, 그럭저럭 간신히 작품 하나를 끝내서 출판했습니다.

그러던 중 예의 그런 일 중 하나, 그런 순간 가운데 하나가

찰스 프라이스라는 사람이 보낸 편지 한 통으로 다시 찾아왔습니다. 프라이스는 당시 '하버드대학의 설교자'로 불리던 인물로, 실제로는 하버드대학 교목이었는데, 자신들이 아주 오랫동안 '노블 렉처Noble Lectures'라고 일컬어 온 시리즈 강좌에서 강연해 줄 수 있느냐고 내게 물었습니다. 이 강좌에는 늘 신학자가 강사로 왔는데, 첫 예외는 시어도어 루스벨트였습니다. 루스벨트가 어떻게 강사로 초청되었는지 상상이 안 됩니다. 어쩌면 그에게 신학적인 측면이 있었을지 모르지요. 어쨌든, 내로라하는 신학자가 강사로 왔었는데, 나는 나 자신을 신학자로 착각한 적이 한 번도 없었습니다. 사립 중등학교에서 아이들을 가르친 적이 있고, 그게 전부였지요. 그래서 찰스 프라이스에게 이렇게 답장을 보냈습니다. "네, 매우 기분 좋은 초청입니다만, 저는 사실 신학자가 아닙니다. 제가 어떤 내용으로 강연할 것으로 생각하시는지요?" 그랬더니 프라이스가 다시 편지를 보내오기를, "신앙과 문자 영역에서 뭔가를 말씀하실 것으로 생각합니다"라고 했습니다.

신앙과 문자Religion and letters라. 물론 그가 말하는 문자는 문학을 뜻했지만, 어떤 유쾌한 우연으로 나는 그 문자를 A B C D E F G … Z로 생각했습니다. 알파벳으로 표현한 신앙. 그런데 우리에게 일어나는 일들을 통해 하나님께서 말씀하신다는 개념을 어떤 구체적 형식으로 정리하려 애쓰던 중 나는 우리 삶의 사건들이 일종의 알파벳이라는 사실을 깨달았습니다. 이는 해독하기 어려운 알파벳입니다. 이 알파벳은 히브리 알파벳과 마찬가지로 모음이 없기 때문이지요. 그래서 모음이 들어갈 자리를 채워 넣어야 하고, 어떤 모음이 거기 들어가야 할지 궁리해야 하고, 어디에서 어떤 단어가 끝나고 또 어떤 단어가 시작하는지 파악해야 합니다. 게다가 히브리어에는 후음喉音이 있고, 마찰음이 있고, 거친 음조가 있습니다. 어쨌든, 앞서 언급한 그 소설을 쓰느라 나 자신을 거의 신경쇠약 상태로 몰아간 상태였는데, 곧이어서 이렇게 알파벳으로서의 내 삶, 알파벳, 즉 하나님께서 무언가를 말씀하기 위해 일으키시는 일련의 사건으로서 우리 모두의 삶을 주제로 원고를 쓸 것인지 말 것인지를 갑자기 결정해야 했습니다.

나는 강연 제목을 "은혜의 알파벳"이라고 지었고, 강연 원고는 동명의 책이 되어 나왔습니다. 은혜이신 하나님께서 우리에게 일어나는 일들을 통해 우리에게 말씀하신다는. 나는 하버드에 가서 그 강연을 했습니다. 내가 한 일은, 내 삶에서 대표적인 날 하루를 택해서 이야기하는 것이었습니다. 아침에 일어나 아이들을 깨우고, 화장실에 가고, 아침을 먹고, 아내에게 입 맞추며 다녀오겠다고 인사한 후 일하러 나가고, 집에 돌아와 이것저것을 하다가 잠자리에 드는 것 말입니다. 그저 내 삶의 대표적인 어느 하루를 이야기하고, 그 안에 있는 거룩한 부분, 그게 무엇이든 그 부분에 귀를 기울이는 것이지요. 그때 일을 돌아보면 내 용기에 찬탄하게 됩니다. 그 탁월한 신학자들이 섰던 그

고고한 강단에 서서 아이들을 깨우고 화장실에 가고 아침을 먹는다는 등의 이야기를 했으니 말입니다. 하지만 나는 했습니다. 그리고 그 순간이 내게 아주 중요한 순간인 것은 말 그대로 보화의 근원으로서의 내 삶을 난생처음으로 바라볼 수 있었기 때문입니다. 그 경험을 통해 내 자전적 책들이 탄생했고, 그 책에서 나는 내 삶의 어느 마디를 돌아보면서 똑같은 질문을 했습니다. "그 일에서 하나님에 관해 무엇을 알 수 있는가?"

그렇게 나는 이 자전적 책들을 썼고, 거기서 레오 밥처럼 내 비밀을 털어놓았고 과거에 관해 모든 것을 훨씬 자세히 이야기했습니다. 내 어머니에 관한 일만 빼고 말입니다. 어머니가 아직 생존해 계셨기 때문이지요. 어머니는 아흔세 살까지 사셨는데, 여러 면에서 아주 잘 견디셨죠. 어머니는 마치 방문을 잠가버리듯 간단하게 과거와 단절되는 방법으로 과거를 이기고 살아남으셨습니다. 가끔 몇 마디 할 때 외에는 과거 일에 관해 아무 말도 하지 않으려 하셨습니다. 그러나 어쨌든, 나는 어머니 이야기를 털어놓을 수 없었고, 그래서 내 이야기도 자세히 털어놓을 수 없었습니다. 자세히 이야기했다가는 아무래도 어머니를 해치는 일이 될까 두려웠고, 심지어 어머니가 나를 해치지 않을까 두렵기도 했습니다. 어머니의 위력은 그 정도였습니다.

소설 《앤설 기브스의 귀환 THE RETURN OF ANSEL GIBBS》이 출판되었을 때가 기억납니다. 이 책에서 나는 아버지의 자살을 아주 허구적으로 에둘러 언급했습니다. 이 책에 나오지도 않는 한 인물의 자살과 연관 지어서 아주 살짝 언급했지요. 그런데 갓 결혼한 어린 신부를 데리고 어머니에게 인사를 갔더니 어머니는 몹시 화가 나 계셨고, 내게 말조차 걸지 않으려 하셨습니다. 그때 어머니가 "언젠가 우리끼리 조용히 있게 되면 네가 저지른 끔찍한 짓에 대해 내가 어떻게 생각하는지 말해 주마"라고 하셨던 기억이 납니다. 나는 어머니의 권력 아래 꼼짝 못 했습니다. 그래서 결코 입 밖에 내서는 안 될 어머니의 인생 이야기의 한 부분인 아버지의 죽음을 내 인생 이야기의 한 부분으로 풀어내는 일은 절대 벌어지지 않았습니다. 그 이야기를 입 밖에 낸다는 건 생각조차 못 할 일이었습니다.

이런 부정적인 일들을 이야기하면 어머니에 관해 대단히 나쁜 인상을 주게 되겠지요. 실제로 그런 일들이 있었으니까요. 하지만 어머니가 아주 매력 있고, 아름답고, 유머 감각이 뛰어난 여성이었고, 엄청나게 멋진 동행이자 내 어린 시절 동무였다는 사실도 이야기하지 않을 수 없습니다. 하지만 어머니는 어떤 면에서 자기 미모 때문에 불구가 된 여인이었습니다. 예쁜 사람에게는 단지 예쁘다는 이유만으로 사람들이 모여듭니다. 예쁜 사람은 다정하거나 친절하거나 뭔가에 흥미를 보이거나 공감을 표할 필요가 없습니다. 그렇게 하지 않아도 사람들이 그 미모의 빛을 받으려고 다가오니까요. 어머니는 그 때문에 다소 상처도 받으셨습니다.

무언가가 나를 위해 나타나 준 또 하나의 순간은(수도원에 찾아갔을 때 같은, 내 나이 몇 살 때였나 어떤 이유로 세례를 받기로 했던 때 같은) 로렌스빌에서 아이들을 가르칠 때 일어난 사건이었습니다. 신학교에 간다는 생각 같은 건 전혀 하지 않던 때였지요. 어머니와 저녁을 먹기로 되어 있어서 뉴욕에 갔습니다. 꽤 오랜만에 뵌 어머니는 만사를 빈틈없이 꾸려가고 계신 것 같았습니다. 집안은 깔끔해 보였고, 어머니는 조촐하고 맛있는 식사를 준비해 놓으셨고, 식탁에는 은촛대에 불을 밝혀 놓으셨더군요. 막 자리를 잡고 앉아 식사를 시작하려는데 전화벨이 울렸습니다. 나를 찾는 전화였습니다. 내 집도 아니고 어머니 집에 있는데 전화가 와서 좀 놀랐습니다. 로렌스빌에서 동료로 지낸 친구에게서 온 전화였는데, 수화기를 건네받자마자 오싹하게도 친구의 울음소리가 들렸습니다. 정신이 아득해질 만큼 겁이 났습니다. 누군가의 눈물을 대체 어떻게 상대한답니까? 게다가 아무리 생각해도 누군가를 울릴 일을 한 적이 없는데 말입니다. 친구는 어머니와 아버지, 그리고 임신 중인 누이가 탄 차가 웨스트코스트에서 큰 사고를 당했다고 했습니다. 아직 생사조차 알 수 없다고 했습니다. 어떻게 된 일인지 알아보고, 사고 수습을 하려고 웨스트코스트에 가려 한다고 했습니다. 그리고 지금 공항에 와 있다면서 나더러 공항에 와서 비행기가 뜰 때까지 옆에 있어 줄 수 있느냐고 했습니다.

그런 경우에는 누구라도 얼른 그렇게 하겠다고 대답할 테지만, 대답 대신 나는 옆방에 있는 어머니를, 그리고 어머니가 모처럼 준비한 저녁 식사를 생각했습니다. 그리고 이렇게 말했습니다. "저기… 5분 후에 전화를 다시 한 번 주겠어요? 어머니께 말씀을 좀 드려야 할 것 같아요." 식사 자리로 돌아가 자초지종을 이야기했더니 어머니의 반응이 정말 기상천외했습니다. "그 사람, 다 큰 어른이 어린아이처럼 구는구나. 내가 이렇게 멋진 저녁을 준비했고, 게다가 우린 오랜만에 얼굴 보는 거잖니. 네가 안 가도 그 친구는 괜찮을 거다." 이 일과 관련해 정말 소름 끼친 것은 어머니가 그런 냉정한 말을 했다는 점뿐만 아니라 똑같은 말을 나도 나 자신에게 이미 했다는 사실이었습니다. 이 일은 정말 내 인생의 분기점이었습니다. 어머니의 그 말을 내가 나에게 다 했다니. 얼마나 어처구니가 없는지. 그리고 이 계시(내 화법에 또 불신이 생깁니다. 이 계시가 그 즉시 있었는지, 나중에 있었는지, 오래 이어지다가 그때 일이 계기가 되어 드러났을 뿐인지도 확실치 않습니다), 세상의 고통 속으로 들어가지 말라는, 친구를 만나러 가지 말라는, 여하튼 그 친구에게 어떤 식의 냉수 한잔도 건네지 말라는, 안전하게 가라는, 어머니 옆에 있으라는, 그냥 맛있는 저녁이나 즐기라는 이 계시는 세상에도 재앙일 뿐만 아니라 내게도 재앙이었습니다. 안전하게 가는 것, 촛불이 켜져 있고 식사가 준비된 내 집에 머무는 것은 여하튼 내 삶의 의미를 깎아내리는 행위입니다. 세상으로 나가는 것, 설령 그 세상이 나를 겁먹게 하고, 아주 지루하게 만들고, 나를 위협하고, 나를 혼란스럽게 할지라도 그 세상으로 나가는 것, 그것만

이 '유일하게' 삶다운 삶입니다. 그 순간을 통해 나는 어쨌든 그 사실을 깨달았고, 그렇게 느꼈고, 그렇게 알게 되었습니다. 이 역시 문이 잠긴 교회당과 아무도 내게 말하는 이 없던 수도원과 비슷한 역설입니다. 전화기가 다시 울리고, 친구는 말했습니다. "안 오셔도 되겠어요. 비행기가 20분 후에 이륙한답니다. 저 갈게요. 선생님께 이야기라도 할 수 있어서 다행이었어요." 그렇게 그 순간은 지나갔습니다. 아무에게도 상처 주지 않고요. 아니, 오히려 큰 유익을 끼쳤지요.

전보다는 나은, 그러나 만족스러움과는 거리가 먼 나

나는 세 딸과 아내와 함께 버몬트의 아름다운 지역, 풍요롭고 복되고 모두가 건강하고 매우 친밀하고 다정하고 무슨 일이든 함께 하는 곳에 살고 있었습니다. 그러나 나는 늘 생각했지요. '이 상태가 언제까지 계속되지는 않을 것'이라고. 어릴 때 깨달았거든요. 좋은 일은 오래가지 않는다고, 늘 뭔가 다른 일이 기다리고 있다고. 우리 집에서 동쪽을 내다보면 그린산맥 너머 이웃집 사유지의 초록색 언덕이 보였는데, 이 언덕 한쪽 끝으로 일종의 등마루가 쭉 뻗어 있었습니다. 땅 주인은 등마루를 보면서, 꼭 거대한 털북숭이 초록색 짐승이 골짜기 사이로 중간중간 풀잎을 뜯어 먹으며 우리가 있는 쪽으로 오는 것처럼 보인다고 했습니다. 전면에 보이는 언덕 아래로 고개를 처박고 있어서 머리는 안 보이지만 말입니다. 그의 말을 들으면서 나는 아주 생생한 이미지라고 생각했습니다. 그리고 또 생각했습니다. '언젠가는 저 짐승이 아마 우리를 발견할 것이라고. 우리 말고도 다른 많은 사람을 발견했을 것이라고.'

어떤 의미에서 그 짐승은 우리를 발견했습니다. 10대 후반인 큰딸은 신경성 식욕부진증, 즉 거식증에 걸렸습니다. 음식을 그다지 많이 먹지 않는 증상이 진행되고 있었지요. 우리는 딸에게 "오, 제발 이거 한쪽만 더 먹으렴", "아침 안 먹으면 밖에 못 나가"라고 말하곤 했습니다. 딸아이는 프린스턴대학에 들어갔는데, 대학 생활을 위해 집을 떠나 있는 동안 증세는 더 심해졌습니다. 자세한 이야기는 다 못하겠지만, 여하튼 딸아이는 증세가 진행되는 중에 한 청년과 결혼했습니다. 우리 모두 그 청년을 좋아했지요. 그런데 나중에 알고 보니 신경성 식욕부진증이 딸 부부의 결혼 생활을 망쳤더군요. 사위의 심정에 충분히 공감합니다. 딸아이의 병은 우리 부부 사이까지 망칠 뻔했으니까요. 웨스트코스트에 가 있을 때 딸아이는 거의 뼈만 앙상한 상태였습니다. 우리 부부는 어쩌다 한 번씩 딸 얼굴을 보곤 했는데, 어느 날 전화가 왔습니다. 시애틀의 한 병원에서 온 전화였는데, 의사 말이 딸아이의 코를 통해 음식물을 주입하려면 부모인 우리의 허락이 필요하다고 했습니다. 우리 딸은 그렇게 할 생각이 없다고 하지만, 그렇게 안 하면 우리 아이가 죽을 거라고 했습니다.

부모라면 누구나 자식을 똑같이 사랑할 겁니다. 하지만 그 아이는 우리의 첫 아이였습니다. 그 아이 덕분에 나는 아버지가 되었고, 지금까지 그 누구를 사랑한 것보다 더 큰 사랑으로 그 아이를 사랑했습니다. 그런 만큼, 의사의 전화에 하늘이 무너지는 것 같았습니다. 딸아이를 향한 내 사랑은 나를 향한 내 어머니의 사랑과 어딘가 비슷해서, 소유욕 강한 사랑이었고, 딸을 위한 사랑이라기보다 상당 부분 나를 위한 사랑이었습니다. 생각건대, 딸아이의 상태는 "나를 보내 줘요. 나를 자유롭게 해 줘요. 내가 내 맘대로 할 수 있는 것은 내 몸뿐이라고요. 내가 뭘 먹는 문제까지 아버지가 간섭할 수는 없어요. 제기랄, 나는 내가 먹고 싶은 걸 먹을 거라고요"라는 외침과 같았습니다.

아버지인 나도 딸아이가 안고 있던 문제 일부였습니다. 내 사랑은 지배하는 사랑, 궁핍한 사랑이었습니다. 정서적으로 얽힌 게 없어서 그 아이를 올바로 사랑할 수 있는 사람들은 병원 사람들, 심리치료사, 코를 통해 영양을 공급해 준 사람들, 그리고 금주禁酒 모임 사람들이었습니다. 거식증이 알코올중독으로 이어진 탓에 딸아이는 금주 모임에 나갔습니다. 그들은 딸아이를 올바로 사랑했습니다. 튼튼한 사랑, 딸아이가 죽어가고 있다는 진실과 함께 그 아이를 대면하는 사랑으로 말입니다. 딸은 점차 상태가 나아졌습니다. 그리고 지금 이 순간, 별 탈 없이 건강하게, 활기차게, 그리고 내가 아는 한 가장 창의적이고 유쾌하고 심지 굳고 지혜로운 사람으로 살아가고 있습니다. 일전에는 네가 나의 역할 모델이라고 딸에게 말하기도 했습니다.

딸아이는 살아남았습니다. 아니, 그보다 더 나은 상태였습니다. 하지만 나는 여전히 아팠습니다. 염려로 아프고, 내 아이들이 어떤 식으로든 내 가까이 머물면서 내 삶을 충만하게 해 주었으면 좋겠다는 욕구로 아팠습니다. 딸아이는 나았지만, 나는 여전히 아프다는 걸 스스로 잘 알았습니다. 기이한 일이었지요. 어느 날 딸아이가 말하더군요. 자신이 금주 모임에서 큰 도움을 받았으니 아버지도 금주 모임에서 활용하는 12단계 프로그램을 시도해 봐야 한다고요. 내 생각에 그런 프로그램은 뭔가 애매해 보였지만, 결국은 시도해 봤습니다. 사랑으로 진실을 말하는 사람들, 어쩐지 내 이야기와 공명하는 인생 이야기를 지닌 사람들과 함께하는 것은 엄청나게 도움이 되었습니다. 내 이야기보다 훨씬 소름 끼치는 이야기를 지닌 사람들, 어떤 식으로든 그 이야기를 헤치고 나온 사람들의 얼굴을 보십시오. 그들은 서로의 존재 덕분에, 그리고 그들 표현대로 자기 자신보다 '더 위대한 힘' 덕분에 험난한 삶을 통과했습니다. 모임 안에서 그들은 어떤 힘을, 스스로 자신을 치유하는 힘보다 더 큰 힘을 발견했습니다. 내가 나아질 수 있도록 도움을 준 한 가지가 바로 그것이었습니다.

물론 심리 치료도 받았습니다. 여러모로, 아주 여러 가지 면에서 이 치료도 아주 유익했습니다. 함께 있으면 내가 아주 안전한 곳에 있다는 느낌이 들어서, 누구 앞에서도 절대 말하지 않던 일을 털어놓을 수 있는 치료사도 만났습니다. 저는 건강하지 않습니다. 그래도 전보다는 낫습니다. 한번은 치료사가 던진 질문을 생각하다가, 나에게 무척 중요한 의미를 지니게 될 어떤 통찰로 그가 나를 인도하려 하는구나 하는 느낌을 받았습니다. 하지만 나는 그 질문에 제대로 대답하지 않았습니다. 아니, 질문을 제대로 이해하지 못했다고 해야겠네요. 그래서 결국은 이렇게 말했지요. "매기, 당신은 내가 뭔가를 깨닫기를 바라는군요. 그게 뭔지 그냥 말해 줄 수는 없나요? 난 그게 뭔지 잘 모르겠어요." 그랬더니 치료사는 이렇게 대답했습니다. "글쎄요, 그런 식으로는 치료가 효과를 낼 수 없어요. 그게 뭔지 모습을 드러낼 때까지 기다리셔야 해요." 하지만 그날 치료가 끝날 무렵 매기는 "음, 좋아요. 그게 뭔지 알려 드릴게요"라고 했습니다. 내 평생 어떤 통찰에 대해 이보다 더 관심이 생긴 적은 없었던 듯했습니다. 내가 아는 한 내 생존이 바로 그 통찰에 달려 있었으니까요. 매기는 그게 뭔지 말해 주었습니다. 나는 매기의 말이 도통 무슨 말인지 알아들을 수 없었습니다. 이 문제는 심리치료사로서 매기의 치료 기술과 아무 상관이 없었으니까요. 그냥 진부한 상투어였고, 그만큼 진실이기도 했습니다. 말 그대로 나는 매기의 말을 경청할 준비가 되어 있지 않았습니다. 듣기는 들었는데 무슨 말인지 알 수가 없었습니다.

몇 년 뒤, 매기 말고 다른 심리치료사를 만났는데, 이 여성 치료사 역시 여러 면에서 큰 도움이 되었습니다. 이 치료사는 종합심리요법이라는 기법을 활용하는데, 인간은 누구나 여러 자아로 구성된다는 개념입니다. 제 생각에는 누구나 다 이를 인지할 수 있습니다. 직업상의 자아, 즉 대중에게 보이는 얼굴이 있고, 가족에게 보이는 자아가 있고, 성인이 된 뒤에도 내면에 살아 있는 어린 자아 등이 있습니다. 이런 여러 자아를 인지하고, 이 자아들과 평화롭게 잘 지내려 노력하고, 각 자아가 다 나라는 존재에 이바지한다는 점을 깨달아야 한다는 것입니다. 그렇게 하는 요령은, 예를 들어 어떤 명백한 이유가 있다 해도 내면의 어린 자아가 나라는 존재를 함부로 조종하지 못하게 하는 것입니다. 그런 식으로 내면의 아이를 제어하면 매우 도움이 됩니다. 이런 과정을 그렇게 뜻을 알 수 없는 현학적 전문용어로 표현하는 것은 바람직하지 않지만, 당시 나에게는 아주 새롭게 다가왔습니다.

한 아이가 있었습니다. 아버지가 자살하자 어찌할 바를 모르는, 그 일에 대해 절대 입을 열지 않는 어린 소년이었습니다. 그런데 그 두 심리치료사와 면담 중에 나는 사실상 처음으로 그 일에 관해 입을 열었을 뿐만 아니라 마침내(마침내!) 그 일을 생각하면서 울었습니다. 아, 얼마나 마음이 가벼웠던지. 두 번째 심리치료사는 부모님과의 관계를 마무리하는 과정을 잘 통과할 수 있게 해 주었습니다. 어머니는 이미 돌아가신 뒤였지만, 부모님이 세상에 안 계시는 상황에서도 두 분에 대해 진실을 말할 수 있고 두 분에 대해 진실을 들을 수 있어서 좋았습니다.

▼ ▼ ▼

심리 치료 때문인지 어머니 꿈을 꾸었습니다. 어머니는 뉴욕 아파트에서 바로 얼마 전 돌아가셨습니다. 말했다시피, 어머니는 스스로 세상과 단절되긴 했지만, 과거의 비극적 사건에도 아랑곳하지 않고 살아남았습니다. 그것도 아주 잘. 아버지가 자살한 뒤 어머니는 결혼을 두 번 더 했는데, 두 번째 결혼은 이혼으로 끝났고, 만약 남편이 죽지 않았다면 세 번째 결혼도 이혼으로 끝날 뻔했습니다. 생각해 보니 어머니는 이런 결혼 생활에 대한 죄책감으로 가득 차 있었고, 그래서 자신을 세상과 단절시킨 것 같았습니다. 어머니는 뉴욕으로 이사한 뒤 전화번호부에 이름을 올리지도 않고 완전히 귀를 닫고 사셨습니다. 정말 비극적인 일이었습니다. 아무리 중요한 일이 생겨도 어머니에게 이야기할 수 없었으니까요. 섬세하고 미묘한 일들은 큰 소리로 말할 수 없습니다. 감정 또한 고함으로는 표현할 수 없습니다. 어머니에게는 고함쳐도 될 만한 일에 관해서만 이야기할 수 있었습니다. 그리고 그럴 때조차도 어머니는 눈을 감은 채 대꾸했습니다. 그렇게 어머니는 내가 하는 말을 잘 들을 수 없었고, 내 상태가 어떤지 잘 보지도 않았습니다. 어머니는 친구도 안 만났습니다. 너무 나이 들어서 친구들이 대부분 세상을 떠나기도 했고, 전화번호부에도 이름이 올라가 있지 않다 보니 아직 살아 있는 친구들도 어머니를 찾을 수 없었던 것입니다. 이 모든 것은 이 상황이 어떤 상황인지 암시해 줍니다. 즉, 이 삶은 아주 제한된 삶입니다. 또한, 이 상황은 사방이 벽으로 막힌 감옥에 갇힌 어떤 사람, 비통함, 옹졸함을 암시하기도 합니다. 하지만 어머니에게는 이런 것이 전혀 해당하지 않았습니다. 어머니는 대단히 유쾌했습니다. 어머니는 아들 가족이나 당신의 직계 가족과는 연락하고 지냈고, 우리는 어머니 만나는 걸 좋아했습니다. 어머니는 화가 나면 심한 말을 했습니다. 듣는 사람의 마음을 완전히 피폐하게 만들 정도였습니다. 누군가를 들이받을 때면 죽을 만큼 들이받았습니다. 섬뜩한 말, 무서운 말을 하기도 했고, 그 때문에 나는 어머니 생전에는 어머니에 관해 감히 뭔가를 쓸 생각을 하지 못했습니다. 하지만 어머니가 돌아가신 뒤, 나는 어머니에 관해 글을 썼을 뿐만 아니라 어머니 꿈을 꾸기도 했습니다. 뭐랄까, 어머니와의 해묵은 감정을 정리하는 꿈이지요. 실제로는 그렇지 못했지만. 경험으로 보건대, 죽은 사람과는 감정을 정리하지 못하고, 죽은 사람들도 나와의 감정을 정리하지 못합니다.

꿈의 배경은 79번가에 있는 어머니 아파트 침실이었습니다. 방은 마침내 깨끗이 치워져, 어머니가 그동안 모아온 것들이 하나도 없었습니다. 가구도, 그림도, 침대 밑과 벽장에 있던 물건들도, 옷들도, 상자도, 오래된 편지도, 다 사라지고 없습니다. 이제 완전히 텅 빈 방이었습니다. 벽과 천장은 흰색으로 다시 페인트칠이 되어 있었습니다. 바닥은 왁스로 윤이 나게 닦여 있었습니다. 먼지투성이의 베네치아풍 블라인드는 어디론가 사라지고 창문으로 햇빛이 미끄러져 들어와 휑뎅그렁한 벽에 투명하고 기하학적인 형상을 만들었습니다. 그 방에서 벌어진 드라마는 모두 끝났고 완결되었습니다. 그곳에서 산 어머니의 모든 삶과 그곳에서 죽은 어머니의 죽음 또한 끝났고 완결되었습니다. 나는 이제 그곳에 어떻게 새 거주자를 들여 새로운 삶을 살게 할지를 생각했습니다. 그런데 갑자기 어머니가 거기 떡 나타났습니다. 그리고 내 동생 제이미와 내가 거기 어머니와 함께 있었습니다. 어머니가 옆으로 지나가자 동생은 그분이 진짜 어머니임을 내게 보여 주기라도 하려는 듯 손을 내밀어 어머니를 가볍게 두드렸습니다. 어머니는 내게도 동생에게도 특별히 관심을 보이지 않았습니다. 어머니는 아주 좋아 보였고, 아마 30대나 40대 초반쯤인 것 같았습니다. 어머니는 어딘가로 외출할 준비를 하고 있었고, 그 일에만 신경 썼습니다. 머리 모양을 이렇게 했다 저렇게 했다 하고, 이 옷을 입었다 저 옷을 입었다 했습니다. 어머니는 어딘가에서 어떤 여자를 만나야 한다고 했고, 약속 시각에 늦으면 안 된다고 했습니다. 그 여자 이름도 말했는데, 내가 알기로 그 여자는 어머니가 60년 넘게 유독 싫어하던 사람이었습니다. 그 말을 듣고 보니 어머니가 정말로 천국에 계셨고, 지금도 계시다는 게 믿어지더군요. 내가 기억하는 어머니의 말은 그게 전부고, 꿈도 그게 다입니다.

그때는 이 꿈이 나에게 그다지 의미 있게 다가오지 않았습니다. 하지만 이 꿈은 나에게 중요한 것을 말해 주었습니다. 이 꿈은 어머니가 어쨌든 자기 자리를 찾아갔다고 말해 주는 것 같습니다. 이 꿈은 이제 어머니 염려는 할 필요가 없다고 말해 주었습니다. 살아 계실 때 어머니가 정한 규칙은, 어머니가 불행할 때는 동생과 나도 행복할 권리가 없다는 것이었습니다. 물론 더 기가 막힌 것은 이 규칙을 구구절절 말로 표현한 적이 없다는 것이지요. 이 꿈은 이제 그 규칙이 종결되었다고 말해 주었습니다. 어머니는 어머니

의 일로 돌아갔고, 동생과 내게는 각자의 일이 있다고 말입니다.[2]

재미있는 이야기인데, 이 꿈에서 제일 중요한 부분은 규칙을 인지하는 부분입니다. 내가 행복하지 않은 한 너희에게는 행복할 권리가 없다는 규칙. 과거 이야기가 설령 너희를 행복하게 해 줄지라도 나는 과거 이야기를 하면 기분이 나빠지므로 너희는 과거 이야기를 할 권리가 없다는 규칙. 물론 우리는 그 규칙을 내면화합니다. 나는 그 규칙이 나의 가장 행복한 순간마저도 훼손하고 그늘지게 할 만큼 그 규칙을 내면화했을 뿐만 아니라, 내 책임 아래 있는 사람들까지 모두 다 행복해야만 비로소 나도 안심하고 행복해할 수 있다고 할 정도까지 그 규칙을 확장했습니다. 그것은 버텨내기 어려운 끔찍한 저주였습니다.

사람은 어떤 경우에서든 행복할 권리가 있습니다. 도스토옙스키는 《카라마조프가의 형제들》에서 조시마 신부의 입을 빌려 이렇게 말했습니다. "누구든 완벽히 행복한 사람은 이 땅에서 하나님의 뜻을 행하고 있다고 확신할 수 있다." 우리는 행복하게 살라고 부름 받았습니다. 우리 자신을 위해서만이 아니라, 산다는 건 바로 그런 것이기 때문입니다. 그게 바로 "새벽 별들이 창을 내던지며 기뻐 노래하는"[*] 이유입니다. 나는 나를 위해 행복해지라고 부름 받았을 뿐만 아니라 다른 모든 이를 위해서

▸ 윌리엄 블레이크의 시 〈호랑이〉에 나오는 구절, 욥기 38장 7절 참조—옮긴이.

도 행복해지라고 부름 받았습니다. 내가 초췌하고 염려에 찌들고 불운에 우는 절름발이가 아니라 행복하고 화평하고 건강한 바위 같은 사람이었다면, 거식증에 걸린 내 딸에게 얼마나 큰 도움이 될 수 있었을까요.

▼ ▼ ▼

나는 전보다는 나은 사람이 되었지만, 만족스러움과는 거리가 멉니다. 여정은 계속됩니다. 나는 내가 할 수 있는 일을 합니다. 큰 문제는, 현재에 사는 것, 과거나 미래가 아니라 지금을 사는 것입니다. 나무들이 밖에서 미풍에 흔들리는 것이, 내가 지금 하려는 일을 상징하는 것 같습니다. 거기 나무가 있음에 주목하려는 것 말입니다. 나무들이 지금 흔들리고 있습니다. 악마와 같았던 존재들에게 복을 빌어 주시고 그들을 놓아 보내세요. 악마들, 근심, 욕망, 한 번도 해 본 적 없는 일들, 이런 것들을 다 놓아 보내고, 내가 한 일에 관해 생각해 보십시오. 놓아 보내고 하나님께서 일하게 하십시오, 라는 오래되고 멋진 구호도 있지 않습니까. 하나님께 귀 기울이십시오. 그 세미하고 작은 음성에, 너무 세미해서 때로 하나님이 계시긴 한 건가 의심이 들기도 하는 그 음성에. 가끔은 하나님께서 귀에 잘 들리게 말씀해 주셨으면 할 때가 있습니다. 우디 앨런의 재기 넘치는 농담처럼, 때로는 목청을 가다듬고 말씀해 주셨으면 하는 거지요. 그러나 무대 옆 공간에서 들리는 속삭임, 기이한 우연, 기적적으로 발생하는 뜻하지 않은 일, 적시에 찾아오는 성자聖者로도 충분하다는 사실로 볼 때, 하나님 목소리의 세미함은 내가 보기에 하나님께서 반드시 유지해야 하는 세미함입니다. 하나님이 원래 목소리로 말씀하셨다가는 모든 게 하늘 높이 날아가 버릴 테니 말입니다.

셰익스피어가 《햄릿》 속으로 들어가지 못하고, 렘브란트가 그림 속으로 들어가지 못합니다. 그림과 각본의 견지에서가 아니면 말입니다. 셰익스피어는 각본을 씀으로써, 스스로 캐릭터에 몰입함으로써 극 속에 들어가고, 렘브란트 역시 붓과 상상력을 통해 그림 속에 들어갑니다. 하나님께서 세상을 대하시는 방식 또한 파악하기 쉽지 않게, 무대 옆 공간에서 들리는 속삭임처럼, 포착하기 어렵게, 암시적으로, 절대 강요하는 일 없이, 나무들처럼 그저 때에 맞춰 미풍에 흔들리는 그런 방식입니다. 그래서 나는 그 소리를 경청하려고 노력합니다.

미국의 시인 겸 소설가 존 업다이크는 "하나님은 자신의 가장 깊은 침묵을 성자들을 위해 아껴 두신다"고 했습니다. 나는 성자가 아닙니다. 그래서 하나님의 가장 깊은 침묵을 들어 본 적이 없습니다. 잘된 일이지요. 그와 동시에 나는 내 신앙, 내 믿음이 상당 부분 생각과 마음에서 나오기도 한다는 사실을 가끔 깨닫습니다. 감정도 결부되는 게 확실하지만, 직감 신앙은 가져 본 적이 없습니다. 뭔가에 감명받아 본 적도 없습니다. 말은 이렇게 했지만, 취소해야겠네요. 거의 감명받을 뻔한 순간들이 있었으니까요. 예를 들어, 버트릭 목사가 죄 고백, 눈물, 큰 웃음에 관해 말하던 순간이 바로 그런 경우입니다. 그 순간 나는 하나님이 거기 나와 함께 계시다는 것을 내가 뉴욕의 그 교회당에 앉아 있는 것만큼이나 구체적인 사실로 알게 되었고, 내가 감당할 수 없을 만큼 큰 소중함과 아름다움과 진리와 사랑의 힘이 거기 존재함을 알게 되었던 것 같습니다.

그러니 좀 전에 한 말을 거의 취소하는 거라고 해야겠네요. 좀 전에 나는 내 신앙이 내 회의^{懷疑}와 마찬가지로 직감이 아니라 대개 이지^{理智}를 중심으로 한다고 말하려 했습니다. 기본적으로는 그게 사실입니다. 나는 아마 주님을 뵌다 해도 그냥 낯선 사람 보듯 할 겁니다. 그게 아니면 주님을 뵌다는 게 도대체 어떤 기분일지 사실 상상이 되지 않습니다. 나는 성자가 아닙니다. 그래서 그런 경험을 해 본 적이 없습니다. 하지만, 성자가 아닐지라도 나는 언뜻 봅니다. 생각건대, 우리가 다 그럴 것입니다. 그리고 부디 우리 모두를 위해 그렇게 언뜻 보이는 광경이 더욱 많아지기를 바랍니다.

화평이 임하다

나는 기도에 관해 아는 게 별로 없습니다. 그건 확실합니다. 그러나 나는 기도를 많이 합니다. 세상을 돌아다니기 때문에 그렇게 할 수밖에 없습니다. 내가 밤에 하는 기도, 너무 졸려서 기도를 깜박할 정도가 아니면 하는 기도는, 저녁에, 나와 다르지 않다면 여러분도 마찬가지겠지만, 거의 모든 세상 사람이 텔레비전 뉴스를 켜 놓고 오늘 하루 세상에서 무슨 일이 있었는지를 경청하는 광경을 생각해 보는 그런 종류의 기도입니다. 뉴스를 듣고 있노라면, 세상에는 늘 똑같은 일이 벌어지는 것 같습니다. 어딘가에서는 전쟁이 벌어지고, 마찬가지로 또 어딘가에서는 평화를 추구하는 움직임이 늘 있습니다. 또한, 굶주림과 오갈 데 없는 사람들의 문제도 늘 있습니다.

밤 기도 형식으로는 이것도 나쁘지 않아 보입니다. 불을 끄고 누워, 잠이 물결처럼 나를 덮치기를 기다리면서 오늘 하루, 저물어가는 그 하루의 뉴스를 다시 생각해 보는 겁니다. 국가 간에 벌어지는 전쟁만이 아니라 사람이라면 누구나 다 하는 전쟁, 지배권을 획득하려 하고, 우위를 점하려 하고, 최종 결정을 자신이 내리려 하고, 자기 뜻을 관철하려고 하는 공격전은 무기 또는 글로 싸우는 싸움이 아니라, 침묵과 어조語調와 그 밖에 우리가 싸울 때 쓰는 온갖 방식으로 싸우는 싸움이라는 사실을 떠올립니다. 우리는 가장 사랑하는 사람들과도 자주 싸웁니다. 눈에 보이는 특정한 목표가 있어서가 아니라, 뭐랄까 싸움을 한다는 사악한 쾌감을 즐기려고 자주 전쟁을 벌입니다. 남편과 아내가, 부모와 자식이, 친구와 친구가 말이지요. 내 생각에 이 공격전과 방어전에서 우리는 어느 정도 다 생존을 위해 싸웁니다. 싸우면서 사실은 싸우는 게 아니라고 여러 방식으로 암시함으로써 자신을 위장하는 경우가 아주 많습니다. 그러나 하루가 저물 무렵, 그날 치른 전쟁을 돌아보면서 자신에게 물어보십시오. 오늘은 어떤 전쟁을 치렀는가? 오늘은 누구와 싸웠는가? 싸움은 어떤 결과를 냈는가? 상대에게 결정타를 날렸는가? 결정타를 날릴 만한 가치가 있었는가? 아니면 내가 결정타를 맞지는 않았는가? 누군가와의 전쟁에서 이긴다는 것은 무슨 의미인가? 누군가와의 전쟁에서 진다는 것은 무슨 의미인가?

▼ ▼ ▼

어느 해인가 여름 한 철 내내 막내딸 샤먼과 싸움을 벌인 적이 있습니다. 샤먼이 아마 열여섯 살 무렵이었을 겁니다. 아이는 집에서 자기가 하고 싶은 일을 하면서 여름을 지낼 것이냐 아니면 플로리다에 갈 것이냐 하는 문제로 고민 중이었습니다. 동물에 관심이 많았던 샤먼은 시내 어딘가에 해우海牛를 연구하는 곳에 봉사를 갈 예정이었습니다. 한편, 늘 불운에 시달리며 불안해하는 아버지는 아이가 플로리다까지 먼 길을 혼자 운전해 가서 아버지의 감독도 없이 돌아다닐 일이 걱정되었습니다. 물론 드러내 놓고 딸아이에게 그런 걱정을 털어놓을 정도로 아둔하지는 않았습니다. 딱 그 정도로 만요. 몇 년 전이라면 그렇지 못했을 것입니다. 몇 년 전이라면 안 된다고 대놓고 말했겠지만, 이때는 그렇게 하지 않았습니다. 대신 오만 가지 방법을 동원해서 아이에게 플로리다에 가지 말았으면 좋겠다는 뜻을 간접적으로 전달했습니다. 집에 있으면 얼마나 편하겠느냐, 여자아이 혼자 그 먼 길을 운전해 가는 게 얼마나 위험한지 아느냐 등.

어느 날 거실에 앉아 있는데 샤먼이 주방에서 해우 연구소 사람들과 통화하는 소리가 들렸습니다. 이번 여름에 플로리다에 가지 않기로 했다, 집에 머물면서 다른 일을 할 생각이라고 했습니다. 통화를 마친 샤먼은 거실로 돌아와 소파에 털썩 주저앉으며 내 어깨에 머리를 기댔습니다. 달리 말하자면, 내가 이긴 것이었습니다. 하지만 사실은 내가 졌습니다. 나는 내 뜻을 관철했습니다. 하지만 나는 딸이 해야 했던 일, 할 수 있는 일, 즐기며 했을 일을 못 하게 막았습니다. 이 승리는 공허한 승리, 슬픈 승리였습니다.

정말 전쟁이란. 이긴다는 것은 무슨 뜻이고, 진다는 것은 무슨 뜻입니까? 물론 자기 자신을 상대로 하는 전쟁 말입니다. 확실히 나는 이런저런 식으로 늘 자신과 전쟁합니다. 그중에는 마귀를 때려눕히기 위해, 용을 죽이기 위해, 귀신을 물리치기 위해 반드시 싸워야 할 싸움도 있습니다. 그러나 그 외에 내가 나와 싸우는 싸움은 사실 싸울 가치가 전혀 없는 싸움입니다. 실제의 나보다 더 큰 존재가 되려는, 실제 내가 할 수 있는 일보다 더 많은 것을 하려는 싸움이지요. 내가 좋아하는 제라드 맨리 홉킨스의 시에서 이런 멋진 구절이 생각납니다. "내 마음에 좀 더 연민을 갖자." 사랑스러운 시구입니다. 자신에게 자비를 베푸십시오. 자신과 너무 많이 싸우지 마십시오. 내가 나에게 요구하는 것, 이런 사람이 되라 혹은 이런 행동을 하라고 자신을 몰아붙이는 것, 내가 나의 등에 총구를 들이대며 강요하는 행동은 사실 이 시점에서 꼭 해야 한다고 생각할 필요가 없는 일입니다. 그러므로 하루를 정리할 때는 그날 내가 어떤 전쟁에 휘말렸는지 돌아보십시오. 그 전쟁은 지금 어떻게 되고 있습니까?

평화를 추구하는 몸짓에 관해서도 생각해 보지요. 우리가 다 화평을 추구한다는 것은 하늘만 아는 사실입니다. 이 화평은 우리가 자신과 벌이는 전쟁의 관점에서 보는 화평입니다. 우리가 전쟁을 벌인 사랑하는 사람들과의 화평입니다. 공격적이고 방어적인 행동, 저격 행위, 게릴라 전투의 대안으로서의 화평입니다. 이렇게 말하니 두어 가지 생각나는 게 있습니다. 첫째는 제 동생의 아내입니다. 나는 제수씨를 언제나 매우 좋아하기는 하지만, 이분은 나를 화나게 하는 재주 또한 있습니다. 제수씨는 좋을 때는 마치 어린아이 같고, 매혹적이고, 상상력 넘치고, 함께 있으면 재미있는 사람입니다. 그런데 나쁠 때는 유치

하고, 자기중심적이고, 까탈스럽습니다. 그래서인지 제수씨와 함께하는 자리는 아무래도 분위기가 딱딱했습니다. 그런데 2-3년 전쯤의 어느 날, 식당에서 옆자리에 앉아 있다가 제수씨 꿈을 꾼 이야기를 나도 모르게 불쑥 하게 되었습니다. "지난밤에 제수씨 꿈을 꿨어요. 아주 짧은 꿈이었답니다. 어딘가에서 제수씨 옆에 앉아 있었어요. 바로 지금처럼. 내가 제수씨를 물끄러미 보더니 제수씨를 아낀다고 말하더군요." 그리고 이어서 나도 모르게 또 불쑥 말했습니다. "그게 사실이라는 거 제수씨도 알지요." 그 말 한마디로 모든 게 달라졌습니다. 제수씨 눈에서 눈물이 쏟아졌습니다. 눈물은 아마 내 눈에서도 쏟아졌던 것 같습니다. 갈등의 층 이면에서 진실이 발화했으니까요. 나는 제수씨를 아꼈고, 아끼고자 했고, 그래서 그 사실을 제수씨에게 말할 수 있었습니다. 이는 제수씨와의 관계를 변화시켰습니다. 그뿐만 아니라, 거미줄에 손을 대면 거미줄 맨 끝부분에서도 떨림이 감지되는 것처럼, 이 변화의 파문이 번져가고 잔물결이 일어나서 다른 모든 관계도 제자리를 찾았습니다. 내 동생까지 우리 모두의 관계가 말이지요. 제수씨는 더는 나를 화나게 하지 않습니다. 전에 나를 화나게 하곤 했던 행동을 제수씨가 또 하면 나는 이렇게 생각합니다. 그래, 저게 제수씨다운 거지, 어쩌면 나도 제수씨를 화나게 하고 있는지 몰라. 어쨌든 제수씨와의 사이에는 화평이 이뤄졌습니다.

▼ ▼ ▼

화해를 생각하면서 내가 떠올린 것 두 가지 중 나머지 하나는 켄 번즈의 다큐멘터리 시리즈 〈남북전쟁〉 중 한 장면입니다. 할 말을 잃을 만큼 통렬한 그 화면에서 우리는 게티즈버그 전투 50주년 기념일 장면을 몇 개 보게 됩니다. 조명도 흔들리고 화질도 좋지 않은 오래된 필름은 일단의 노인이 맥주도 마시고 서로 무용담도 늘어놓으면서 끔찍한 전투가 벌어진 지 50년이 지난 전쟁터를 거니는 모습을 보여 줍니다. 그리고 이어서 한 목소리가 등장해 '피켓의 돌격'이라는 작전이 재현되는 장면을 설명합니다. 아직 거동이 가능한 북군 노병들은 세메터리 릿지에 집결했고, 아직 걸을 수 있는 남군 노병들은 스스로 걸어서, 그리고 걸음이 불편한 노병들은 누군가의 부축을 받아 자기들이 원래 행군해 지나갔던 들판으로 내려가 집결했습니다. 설명이 이어지는 동안 남군 노병들은 들판을 가로질러 세메터리 릿지 방향으로 행군했습니다. 이들이 남군의 구호를 두어 번 외치자 언덕 위 북군 노병들 사이에서 신음 같은 것이 들렸습니다. 이어서 북군은 있는 힘을 다해 남군 쪽으로 내달렸습니다. 하지만 이들은 싸움을 벌이는 게 아니라 두 팔을 내밀어 서로를 얼싸안고 울었습니다. 정말 감동적이었습니다. 이들이 서로 적이 아니라 친구라는 것을 깨닫기까지 50년이 걸렸습니다. 화평을 추구하자 화평이 찾아왔습니다.

이제 굶주림에 관해 생각해 봅시다. 세상 사람들이 겪는 말 그대로의 굶주림, 그리고 우리 자신이 겪는 문자적 또는 비유적 굶주림에 관해서 말입니다. 오늘날 우리는 무엇에 굶주려 있습니까? 오늘 누군가가 나를 먹였습니까? 오늘 나는 누군가를 먹였습니까? 사람이라면 누구에게나 감춰진 허기가 있습니다. 우리 자신은 모르고 있지만, 우리는 서로에 관해, 침묵에 관해, 아름다움에 관해, 거룩함에 관해, 하나님에 관해 굶주려 있습니다. 이는 누가 그것을 먹여 주기 전에는 알아차리지 못하는 그런 종류의 굶주림입니다. 먹고 나서야 비로소 '아이고, 내가 이것에 굶주려 있었구나' 하는 겁니다.

이제 집 없는 상태에 관해 생각해 봅시다. 우리는 대체로, 비교적 부유한 사람들이고, 어쩌면 집을 한 채 이상 갖고 있습니다. 그런데도 우리가 정말 어딘가에서 집처럼 편안함을 느끼느냐는 질문이 성립합니까? 집이라 생각하는 어떤 곳에서 정말로 편안함을 느낍니까? 내가 보기에 어딘가에서 집처럼 편안함을 느낀다는 것은 어딘가에서 마음이 화평하다는 뜻입니다. 내 마음 깊은 곳에는 인간 그 누구에게도 사실상 진정한 평안이 있을 수 없다는 느낌이 자리 잡고 있습니다. 모든 이에게 어느 정도 진정한 평안이 있기 전에는, 모든 이가 다 집을 갖기 전에는 누구에게도 진짜 집은 없습니다. 특별히 양심적이거나 신앙 깊은 사람에게만 해당하는 말이 아닙니다. 나는 이것이 우리에게 내재하는 성향이라고 생각합니다. 우리는 사랑 많으신 하나님께서 지으신 존재이고, 하나님은 우리를 지으실 때 서로 사랑하는 이들로 지으셨습니다. 우리가 서로 사랑하지 않을 때도, 서로 사랑해야 한다는 생각조차 하지 않고 애써 시선을 돌리다가 길거리에서 포대에 덮인 노숙자 시신을 본다 해도 그 타인은 우리의 일부입니다. 우리의 화평은 타인의 비非화평으로 위협을 당합니다. 집 없는 사람이 많으면 천국은 우리의 집이 아닙니다. 다른 사람들의 곤궁함에 눈을 감아 버리면, 이들이 지구 이편 사람이든지 저편 사람이든지, 혹은 내 집 지붕 아래 있는 사람이든지, 우리가 이들의 필요에 눈을 감아 버리면, 그리하여 우리 자신의 깊은 곤궁함에 눈을 감아 버리면, 우리는 사실 그 어디에서도 절대 편안할 수 없습니다.

예수께서 하신 가혹한 말씀, 우리가 많은 사람에 비해 상대적으로 부유하기 때문에 거의 언급되지 않는 한 가지 말씀은 바로 이 말씀입니다. "화 있을진저 너희 부요한 자여 너희는 너희의 위로를 이미 받았도다. 화 있을진저 너희 지금 배부른 자여 너희는 주리리로다. 화 있을진저 너희 지금 웃는 자여 너희가 애통하며 울리로다." 눅 6:24-25 실로 우리에게도 화가 있을 것입니다. 가난한 사람들을 잊는다면, 그리고 우리 자신의 가난함, 우리 자신의 굶주림, 우리 자신의 집 없는 상태 등을 잊는다면 말입니다.

그러므로 이것이 기도의 한 방식입니다. 하루를 돌아보면서 그날 뉴스를 생각해 보는 게 적어도 저에게는 효과 있는 기도 방식입니다. 그날 어떤 일이 있었고, 하나님은 무슨 말씀을 하셨는가? 그리고 그 답변을 경청하십시오.

물론, 우리가 경청해야 할 것 한 가지는 기쁨입니다. 기쁨에 관해 이야기하는 순간 신선미가 떨어질지 모른다, 기쁨이 사라질 것이다, 기쁨을 위협하게 될 것이다, 마귀가 와서 꿀꺽 삼켜 버리면 기쁨이 끝장날까 두렵다 등 거의 미신에 가까운 여러 이유로 우리는 기쁨에 관해 말하기 어려워합니다. 하지만 그런데도 우리는 기쁨을 얼핏 봅니다. 우리가 누릴 수 있는 기쁨은 어쩌면 이렇게 얼핏 보는 기쁨뿐일지 모릅니다. 톨킨이 쓴 동화론을 보면 '세상의 벽 너머에 있는, 슬픔만큼이나 통렬한 기쁨'이라는 멋진 문구가 있는데, 동화에서 이 기쁨은 톨킨이 말하는 "갑작스럽고 기쁜 반전"이 일어나는 순간 얼핏 볼 수 있습니다. 예를 들어 개구리가 왕자가 되고, 지푸라기가 금으로 변하고, 유쾌하고 작은 사내가 왕이 되는 등의 변화가 일어날 때 우리는 세상의 벽 너머에 있는 기쁨을 갑작스레 얼핏 보게 됩니다. 그 가능성에 눈을 감지 않으면, 우리는 그렇게 기쁨을 일별할 수 있습니다. 이웃집 양들에게 먹이를 주러 가서 구유 앞에 섰을 때처럼, 혹은 씨월드에 가서 평화로운 나라와 에덴을 보고 나와 아내와 딸의 눈에 눈물이 차올랐을 때처럼 말입니다. 우리가 이렇게 기쁨을 일별하는 것, 이것은 그날 뉴스의 한 부분인데 웬일인지 우리가 아주 쉽게 놓치는 부분이기도 합니다.

▼ ▼ ▼

《어둠 속의 휘파람WHISTLING IN THE DARK》이라는 책에 대림절에 관한 이야기를 썼습니다. 기독교 절기 중 좋아하는 절기를 하나 꼽으라면, 대림절을 꼽을 겁니다. 이 이야기는 우리가 기쁨을 알아차리기 쉽지 않은 상황에서 기쁨을 포착하는 것과 관련해 뭔가를 시사합니다.

객석의 불이 다 꺼지고 무대에 조명이 들어온다. 수다스러운 사람도 입을 다물고 커튼이 올라가기를 기다린다. 오케스트라석에서는 바이올린 연주자들이 자세를 잡는다. 지휘자가 지휘봉을 들어 올린다.

한겨울 땅거미 질 무렵의 침묵 속, 그 깊은 곳 저 멀리 어디에선가 희미한 소리가 들린다. 너무도 희미해 침묵의 소리일 뿐이라 말할 수밖에 없는. 숨을 죽이고 소리에 귀 기울인다.

현관문 계단으로 올라간다. 현관 양옆 유리 없는 창문은 아무것도, 거의 아무것도 말해 주지 않는다. 공기 중에서 내가 한 번도 가 본 적 없는 곳, 뭐라고 표현할 말이 없는 시간을 일깨워 주는 어떤 향기가 훅 끼쳐 온다. 가슴이 두근거리는 게 느껴진다.

곧 있을 엄청난 일은 그 일이 일어나기 직전의 엄청난 순간과만 어울린다. 대림이 바로 그 순간의 이름이다.

구세군 산타클로스가 종을 울린다. 보도에는 사람들이 붐벼 발걸음을 옮길 수가 없다. 대기에는 배기가스 냄새가 짙게 배어 있고, 다들 두툼하게 껴입은 옷은 체감온도를 대비한 것이기도 하고 이 모든 소란스러움이 사실 무슨 의미인지 따위는 생각하지 않겠다는 뜻이기도 하다.

그러나 잠깐만 집중해 보면 내 깊은 곳 저 멀리 어디에선가 가슴이 두근거리는 것을 느낄 수 있다. 나의 열광과 길 잃은 상태는 말할 것도 없고 세상의 열광과 길 잃은 상태에도 불구하고, 나는 세상 자체가 숨죽여 기다리는 소리를 들을 수 있다.[3]

이는 내가 지금 하고 있는 말과 어떤 관계가 있는 것 같습니다. 우리는 아주 조용해야 합니다. 무슨 일이 일어나려 합니다. 마음을 흔드는 무언가, 거룩하고 귀하고 말로 표현할 수 없는 무언가가 어쩌면 우리 같은 사람들 가운데서 태어나려고 합니다.

사람들은 내가 플로리다에서 여성 심리치료사와 면담하면서 어머니와의 관계를 정리한 체험에 관해 질문합니다. 내 꿈속에서 어머니는 어쨌든 자기 일로 돌아간 것 같았고, 나는 이제 어머니에 관해 아무 걱정할 필요가 없게 되었습니다. 그런데 다른 한편으로 나는 왼손으로 과거 이야기를 낱낱이 기록함으로써 아버지와의 관계 또한 어느 정도 마무리했습니다. 잃어버린 과거를 되찾고, 이유가 뭐든 50년 전쯤 세상을 떠난 아버지와 대화하는 수단이었던 거지요. 아버지와 나눈 대화는 사물의 중심에 있는 이런 기쁨의 근저와도 관계가 있습니다.

왼손으로 크레파스를 들고 지칠 때까지 그림을 그렸습니다. 그리고 그 그림이 어떻게 완성되어 나올지 한번 보자고 생각했습니다. 크레파스로 흰 종이에 이렇게 어색하고 유치하고 조잡하게 그린 그림에서 아버지와 내가 나눈 아래의 대화가 탄생했습니다.

아이: 안녕하세요?

아버지: 그래.

아이: 오랜만이네요.

아버지: 오랜만이구나.

아이: 아빠하고 우리가 마지막으로 얼굴을 보았던 때 기억하세요? 제이미하고 저하고 말이에요. 11월의 그 아침.

아버지: 기억하지. 너희는 게임을 하고 있었잖아. 다 자고 있는데.

아이: 몹시 슬프셨어요? 겁이 나셨어요, 아빠? 아빠가 무슨 행동을 하려는 건지 알고 계셨어요?

아버지: 그렇게 해야 했단다. 상황이 너무 안 좋아서 다른 출구가 없었어.

아이: 제가 아빠를 말릴 수 있었을까요, 아빠? 제가 만약 아빠를 사랑한다고 말했더라면? 제게 아빠가 얼마나 필요한지 아시느냐고 물었더라면?

아버지: 아니야, 누구도 말릴 수 없었을 거야. 나는 정말 어찌할 바를 몰랐으니까.

아이: 저와 이야기하고 있는 분이 정말 아빠인가요? 아빠 얼굴이 안 보여요. 아빠 목소리도, 아빠 냄새도 잊어버렸어요.

아버지: 나는 널 기억한단다. 네가 자랑스러웠지. 네가 아빠를 좋아해 주었으면 했어.

아이: 전 정말 걱정이 되었어요. 그 일 이후 너무 겁이 났어요.

아버지: 그러지 마라. 걱정할 거 하나 없어. 그때는 비결을 몰랐지만, 이제는 안단다.

아이: 뭘 아시는데요, 아빠? 세상에서 가장 소중한 내 아빠.

아버지: 많이 알지. 그리고 아무 문제 없어. 또 만나게 될 거야. 아빠를 위해서 행복하게 지내렴. 이게 아빠가 주는 생일선물이란다. 어쩌면 아빠 생일선물일지도. 사랑한다, 내 아들들. 지금도 여전히 사랑한다, 아가야. 사랑한다. 이제 작별해야 해. 안녕. 모든 일이 다 잘 될 거야.

내가 누구와 이야기를 나눈 건지 뉘라서 알겠습니까? 하지만 나는 기꺼이 믿고자 합니다. 세상은 놀라운 일로 가득하므로, 내가 만난 사람은 아마도 내 아버지일 거라고. 어쩌면 그건 내 안의 어떤 목소리일 수도 있지만, '걱정할 것 없습니다. 걱정할 것 아무것도 없습니다. 나는 많은 걸 알고 있고, 아무 문제 없습니다.' 아마 그게 맞을 것입니다. 아마 맞을 거예요.

19세기의 위대한 소설가이자 동화작가인 조지 맥도널드는 《부목사 토머스 윙폴드 THOMAS WINGFOLD, CURATE》라는 소설에서 부목사 토머스 윙폴드가 하는 말을 기록합니다. 윙폴드는 목회자로 살아온 세월을 돌아보면서 그 세월을 이렇게 요약합니다.

> 나에게 어떤 에너지가 있든, 혹은 없든, 내가 확실히 아는 것 한 가지는, 전적으로 가치 있다고 생각하는 일 외에는 다른 어떤 것에도 에너지를 쏟을 수 없으리라는 것이다. 사실 다른 어떤 것도 그다지 흥미로워 보이지 않는다. 그 어떤 것도 내 수고를 갚아 주지 않는다. 진리이신 한 분에 관해, 그분을 아는 것이 생명임을 사람들에게 말해 주는 것 말고는. 설령 내세가 없다 하더라도 나는 내세가 없을 때 진리이어야 할 위대한 일을 믿으며 살 것이다. '사실'은 '진실'을 대신할 수 없다. 이것이 진실이 아니라면, 인간 본질의 가장 고상한 부분도 쓰레기에 지나지 않을 것이다. 실제보다 더 나은 것이 나를 지탱해 주기를, 예수와 요한과 바울과 그 외 수많은 사람과 똑같은 절벽에서 무존재로 떨어지게 해 주기를. 이들은 살았을 때는 훌륭했고, 이들의 죽음은 그 무존재조차도 여호와의 동산을 지나듯 들어가는 곳이 되게 한다. 더 나아가 … 나는 이렇게 말하겠다. 예수를 부인하는 자들처럼 믿으며 영원히 사느니, 예수께서 믿었듯 믿으며 영원히 죽겠다고.⁴

"나는 예수를 부인하는 자들처럼 믿으며 영원히 사느니, 예수께서 믿었듯 믿으며 영원히 죽겠습니다."

언젠가 한 수양회에서 일단의 사람들에게 이 이야기를 했는데, 이 이야기를 하던 날 아침 나는 아무 말도 하지 않고 한동안 혼자 있고 싶은 기분이 들었습니다. 그래서 방으로 돌아가 침대에 대자로 누워 명상하는 사람들이 하라는 대로 해 보려고 했습니다. 호흡에 집중하면서 생각을 비워 보려고 했습니다. 효과가 좋더군요. 스위치를 끄듯 생각의 흐름을 꺼버릴 수 있었으니까요. 명상하는 사람들은 눕거나 앉아서 레이더가 내 몸을 조금씩 샅샅이 살피는 생각을 해 보라고 합니다. 처음에는 이마를, 눈 주위를, 목 뒤를, 머리를. 그리고 레이더가 나를 살필 때 어떤 기분인지 주목하고 내 몸 각 부분을 향해 긴장을 풀라, 몸을 편안하게 하라, 가만히 있으라, 쉬라, 마음을 놓으라, 말하라고 합니다. 나는 조금씩 조금씩 그렇게 했습니다. 레이더를 생각하는 게 아니라 그리스도께서 레이더가 되어 내 이마와 눈과 뺨과 목과 어깨와 뻣뻣하게 굳은 등을 만져 주시는 것으로 생각했습니다. 마칠 무렵이 되자 놀랄 만큼 마음이 편안해지고 몸이 완전히 풀린 느낌이었고, 그래서인지 평소보다 체중이 더 나갔습니다. 무거운 짐DEAD WEIGHT이라는 말이 생각났습니다. 나는 들 수 없을 만큼 무거운 짐이었고, 살아 있는 짐LIVE WEIGHT이기도 했습니다. 내 안의 생기가 다 빠져나가고 침대 매트리스가 나를 지탱해 주기라도 하는 것처럼 말입니다.

그때 내 머리에 떠오른 이미지는, 무엇이 되었든 거룩한 것이 우리를 지탱해 주는 이미지였습니다. 이는 모세의 시편의 그 멋진 구절에서 떠오르는 이미지입니다. 모세는 느보산 비탈에서 죽어가면서 다음과 같이 이스라엘을 마지막으로 축복합니다.

> 하나님 같은 이가 없도다.
> 그가 너를 도우시려고 하늘을 타고
> 궁창에서 위엄을 나타내시는도다.
> 영원하신 하나님이 네 처소가 되시니
> 그의 영원하신 팔이 네 아래에 있도다. 신 33:26-27

나는 침대에 누워 내 체중을 거기 다 실었고, 모든 근육을 이완했습니다. 마치 '그의 영원하신 팔'에 안긴 느낌이었습니다.

기쁨은 이 느낌이 참임을 오장육부로 아는 것입니다. 거울을 통해 보는 것처럼 희미하게 볼지라도, 전쟁과 화평, 굶주림과 오갈 데 없음, 여러 가지 일이 일어날지라도 그 느낌을 아는 것입니다. 기쁨이란, 비록 잠시뿐일지라도, 모든 일 아래 그의 영원하신 팔이 있음을 아는 것입니다.

주註

1. J. D. Salinger, *Franny and Zooey* (New York: Little, Brown, 2014), pp. 168-170.
2. *Telling Secrets*, pp. 100-102.
3. *Whistling in the Dark*, pp. 2-3.
4. George MacDonald, *Thomas Wingfold, Curate*, http://www.online-literature.com/george-macdonald/thomas-wingfold/75/, 2/20/2017에 검색.

주목할 만한 일상: 멈추고, 바라보고, 귀 기울이라

프레드릭 비크너 지음 | 오현미 옮김

2018년 12월 12일 초판 1쇄 발행

펴낸이 김도완
등록 제406-2017-000014호
전화 031-955-3183
이메일 viator@homoviator.co.kr

펴낸곳 비아토르
주소 경기도 파주시 문발로 197 102호
팩스 031-955-3187

편집 이은진
제작 제이오

디자인 이파얼
인쇄 (주)민언프린텍　　　　**제본** (주)정문바인텍

ISBN 979-11-88255-22-1 03230　　**저작권** ⓒ Frederick Buechner Literary Assets, LLC., 2018

이 도서의 국립중앙도서관 출판예정도서목록(CIP)은 서지정보유통지원시스템 홈페이지(http://seoji.nl.go.kr)와 공동목록시스템(http://www.nl.go.kr/kolisnet)에서 이용하실 수 있습니다.(CIP제어번호: CIP2018038751)